Jianshui Jiangfei Zhengce Dui
Jiuye De Yingxiang Yanjiu

减税降费政策对就业的影响研究

付裕　著

东北财经大学出版社
Dongbei University of Finance & Economics Press
大连

图书在版编目（CIP）数据

减税降费政策对就业的影响研究 / 付裕著. —大连 ： 东北财经大学出版社，2025.3. —ISBN 978-7-5654-5494-3

Ⅰ. F812.422；D669.2

中国国家版本馆CIP数据核字第2025TB4735号

东北财经大学出版社出版发行

大连市黑石礁尖山街217号　邮政编码　116025

网　　址：http://www.dufep.cn

读者信箱：dufep@dufe.edu.cn

大连图腾彩色印刷有限公司印刷

幅面尺寸：170mm×240mm　字数：170千字　印张：13.5

2025年3月第1版　2025年3月第1次印刷

责任编辑：王天华　孟　鑫　责任校对：那　欣

封面设计：原　皓　版式设计：原　皓

定价：72.00元

教学支持　售后服务　联系电话：（0411）84710309

如有印装质量问题，请联系营销部：（0411）84710711

前言

就业问题不仅关乎民生，更是经济稳定和可持续发展的核心。在我国经济发展进入新常态的背景下，就业压力依然存在，解决就业问题对于社会稳定和国家长治久安至关重要。因此，必须高度重视经济的快速、健康发展，以全面建成社会主义现代化强国为目标，破解就业难题。

近年来，随着我国经济增速放缓、结构性调整深化、国际金融危机的持续影响，就业形势变得愈发复杂。工业化进程加快，人口红利逐渐消退，产业结构调整升级的步伐不断加快，使得我国劳动力需求总量呈下降趋势。基于这一背景，政府提出了“稳增长”和“调结构”两大战略，并将促进就业作为其中的重要目标。

在国内外复杂多变的形势下，劳动力市场面临双重挑战：既要应对就业数量的压力，又要提高就业质量。产业结构失衡、劳动力市场供需错配的问题愈发凸显，严重制约了我国经济的持续健康发展。农村剩余劳动力向城市转移的速度逐渐放缓，新增就业人数逐年下降，城镇化进程带来的就业压力进一步加剧。

为应对这一挑战，中央政府推出了一系列促进就业的政策措施，其中减税降费成为调控经济的重要手段之一。作为财政政策的核心内容，减税降费在维持经济增长、调节市场结构和促进就业方面发挥了重要作用。

本书旨在探讨减税降费政策对就业的影响，分析其在稳定经济增长与调整产业结构中的不同效用。通过理论分析与实证研究，本书对减税降费政策如何改善就业质量、提升劳动力市场效率进行了深入探讨。本书采用实证分析方法，构建计量模型，系统研究减税降费与就业的关系，尤其是其在不同产业中的差异效应。

虽然已有部分研究探讨了减税降费对经济增长的影响，但较少从系统性角度分析其对就业结构的直接作用。因此，本书的重点是研究减税降费在促进就业中的机制，考察其在就业数量与质量上的具体效应。

通过选取2014—2019年在深训证券交易所中小板上市的717家公司为研究样本，本书对企业的税费负担及其对就业的影响进行了全面分析。结合不同地区、行业的特点，研究了减税降费政策对区域经济发展和劳动力市场的不同影响，并提出了一系列针对性的政策建议。

本书的研究不仅有助于更好地理解减税降费政策在促进就业中的具体机制，也为政策制定者提供了有益的参考，以期通过更有效的财政政策，进一步推动我国经济社会的可持续发展，实现更高质量的就业目标。

本书由无锡商业职业技术学院付裕撰写，并得到江苏省“青蓝工程”优秀青年骨干教师、无锡商业职业技术学院“雏鹰计划”等项目的资助和支持，在此一并表示感谢。

付裕

2025年3月

目录

第 1 章

绪论

1.1 选题背景和研究意义

1.1.1 选题背景

以稳定就业为纽带，增强供需适配性是塑造“双循环”新格局的突破口。我国将稳定就业视为重中之重，并提出一系列举措来解决就业问题，“稳就业”已成为政府工作报告中最突出的关键词。在我国现阶段，“保持充分就业始终是首要任务”，也是衡量国家综合实力和人民生活质量的重要指标。从经济增长方式来看，就业对国民经济增长具有不可替代的推动作用。稳定就业需要政策引导和市场调节相结合，促进劳动力流动并起到“稳定器”的功能。就业对于稳定居民购买力和促进内需增加具有重要作用。我国正处于工业化中期阶段，需要更大力度地支持就业，城镇化进程的加快、人口老龄化和技术进步对就业影响的增强，以及人口红利的消失愈发明显。同时就业也是产业结构调整、升级和提高全要素生产率等方面的动力，并在实现创新驱动发展战略上发挥关键作用，保持就业稳定与我国经济发展大局密不可分。劳动者收入增长水平和生活幸福程度直接受到就业质量的影响，在当前我国经济发展阶段下，就业数量对居民收入增长率影响最为显著，并且数量与质量之间存在相互联系和促进的关系。企业生产能力的增长和服务水平的提高取决于就业数量和质量，而增加就业数量、提高就业质量可以有效提升劳动力市场效率并有利于实现经济发展目标，可以说就业与经济密切相关。就业与劳动力市场的发展程度密切相关，直接影响收入分配的公平性和消费需求。因此，就业是民生之本和社会稳定的基础，也是一个关系到千家万户利益的重要问题。解决就业问题不仅有利于社会稳定和经济增长，还能促进整个国民经济的健康持续发展。自改革开放以来，我国一直高度重视并积极解决就业问题，在全面建设社会主义现代化强国阶段尤为重要。然而，近年来我国劳动收入份额持续下降、就业形势不容乐观。随着经济社会发展进入新常态，劳动力成本急剧上升，人口老龄化趋势明显加速，在我国劳动人口总量下降压力增大的情况下，就业结构失衡已经严重制约了经济发展转型和结构调整。随着经济增速放缓和产业结构调整深入推进，升级优化产业结构带来的结构性失业问题日益突出，政府需要将解决就业问题作为首要任务。在这个过程中，减税是重要的宏观调控手段之一，对实现经济平稳较快发展具有积极作用。在经济结构调整的关键时期，如何利用减税降费政策促进就业数量的增长和质量的提高是一个需要深入研究的问题。党的十九大报告强调必须解决结构性失业问题，激发个人创业热情，促进企业稳定增长和全面发展就业。在新时代下，如何实现稳定扩大就业？为此习近平总书记主持召开中共中央政治局会议并提出了“六稳”要求，“稳就业”被视为首要任务。我国正处于工业化中期、经济增速放缓及劳动力供给不足等多重压力之下，在国际金融危机影响加深背景下，保障就业形势更加严峻。因此，需要注重援企稳岗、关注特殊群体的创新就业，培育新型的模式来应对挑战。减税降费政策是攻坚战略之一。

然而，国际金融危机、中美贸易摩擦和新冠疫情对国内外经济造成了冲击。在这种形势下，就业形势变得复杂多变且逼人，劳动力市场的矛盾仍然比较突出。特别是我国正处在经济新常态发展阶段，就业压力进一步增大，并且就业结构性失衡问题更加突出，这对经济社会发展带来潜在威胁，“稳增长、促改革、调结构、惠民生、防风险”成为当前和未来宏观经济工作的首要任务。需要平衡“稳定增长”和

“调整结构”的目标，并重视解决当前的就业问题。我国在就业方面面临两个主要矛盾：就业总量和就业结构方面的新情况和新特点。目前我国仍然承受着较大的就业压力。随着经济体制改革不断深化及市场经济体制逐步推进，我国劳动力供求格局发生了重大变化。尽管城镇登记失业率近年来有所下降，但仍处于较高水平并将继续上升。政府出台了促进产业结构调整、优化升级和鼓励创新创业等措施来缓解就业压力，并提供更多有效的就业机会。随着城镇化进程的加速，越来越多的人成为城镇职工。我国高校毕业生、农村剩余劳动力和失业待就业人口，会形成大量的劳动力供给。然而我国目前的人均国内生产总值尚未达到中等发达国家水平，同时当前民营企业转型升级困难、投资前景不佳，导致劳动力供给规模与经济规模不相适应。企业新增岗位数量与劳动力供给规模相差甚远，因此实现充分就业目标仍受一定时期劳动力需求的制约。这种就业总量矛盾反映的是结构性失衡问题。随着工业化进程加快、产业结构不断调整和优化，我国出现了明显的劳动力短缺问题。目前我国部分地区产业结构和就业结构不合理，导致劳动力过剩，使得劳动力市场供大于求情况更加恶化。此外，由于我国劳动者受教育程度中等、缺乏职业能力，限制了行业转型升级以适应新形势发展的需要。我国处于工业化中期阶段，在经济结构调整和人口红利消失后，未来一段时间将面临明显呈下降趋势的劳动力资源。在分析我国当前存在的突出问题时发现，最根本原因是劳动力供需不平衡。虽然我国拥有大量劳动力，但农村剩余劳动力和高校毕业生技能不能满足市场需求，导致“招工难”和“用工荒”的现象同时存在。这使得企业面临工资成本上升和利润下降等困境，尤其是中小型企业更加艰难。这种情况进一步增加了经营风险，并阻碍了企业的发展，从而影响“稳就业”目标的实现。由于就业环境不佳，大量失业人员进入社会也会对整个国民经济的持续稳定和协调发展产生影响。

在经济转型过程中，还存在大量非正式就业的情况。非正式就业是指人们从事非制度化的生产经营活动，以维持自身生计。非正式就业者主要包括没有固定工作场所、选择在外打工或从事非生产性活动的人群。这种就业具有流动性强、职业分布广、受教育程度低和文化层次低等特点。然而在短期内，非正式就业会使劳动者陷入窘境：缺乏正式雇佣合同、社会保障不够完善及收入不稳定，并且劳动强度高。从长远来看，非正式就业会导致劳动者的人力资本存量减少、工作稳定性不足，并且对企业缺乏认同感，从而降低劳动生产率。在这种情况下，虽然政府和企业提供了培训机会，但较少地固化劳动者技能，并基本上不存在合理升迁的希望，加剧了结构性就业矛盾。税收政策是国家实施宏观调控的重要手段之一，在降低企业生产成本、提高企业盈利水平和增加投资等方面具有不可替代的作用。然而这种变化也会影响企业的经济行为，并且不可避免地对就业产生冲击。近年来随着我国经济进入新常态发展时期，就业压力持续增大。随着国有企业改革力度不断加大，民营中小企业在国民经济中所占比重越来越大，成为推动我国社会发展不可或缺的力量之一。政府采取了一系列措施，以实现更充分和高质量的就业，并发挥民营企业在吸纳就业方面的主导作用。这些措施包括放宽投资政策、减税降费等，帮助企业解决困难，同时出台促进中小企业发展、扶持小微企业成长、完善创新环境建设和推进新型城镇化等相关政策。虽然这些举措对缓解用工难问题起到积极促进作用，但也出现了一些新情况和考验。因此，政府制定了一系列应对变化的政策措施，主要包括以下几个方面：首先，推出可直接降低企业雇佣成本的政策。例如，提高与劳动力相关成本费用的税前扣除标准、降低社保缴费企业负担费率，以及提升针对重点群体的减免税优惠政策。这有助于解决因人员流动导致人工成本上升的问题，并鼓励创新创业并加快培育新经济增长点。虽然这些政策措施在一定程度上可以解决用工困难问题，但由于存在缺陷，使得企业仍然面临不公平待遇。其次，采取直接和间接的税收措施为企业减轻生产经营方面的税费负担。此外，还提出了加大税收优惠力度的建议，并调整了对企业用工和管理层面的税负减免。

本书介绍了我国为促进产业升级和优化结构而采取的减税降费措施。这些措施包括：一是对某些行业实行减免税政策，如将增值税税率从17%和11%分别下调到13%和9%，并将中小企业的企业所得税实际税率降至2.5%和10%；二是推动交通运输业、现代服务业营业税改征增值税试点等部分产业结构性减税；三是深化税收制度改革，建立统一高效、公平透明的体系，并规范政府涉企收费项目，以及加强对行政事务收费的监管。此外，还要加大调节力度，减轻企业负担，并完善经济结构调整政策措施以改善营商环境。总之，这些积极的财政政策旨在通过稳定市场主体来实现就业和发展。减税降费已成为我国宏观调控的首要手段。本书对国内有关减税降费与就业关系的文献进行了梳理和评述，发现目前相关研究多从宏观经济层面分析减税降费与就业的影响效应，忽视了从微观企业角度的探讨。在当前经济下行压力不断增大、结构性矛盾凸显的背景下，落实减税降费意义重大。已有研究主要从减税降费、促进就业等方面进行探讨，但也时常出现“挤出就业”的说法。本书将重点讨论减税降费如何促进扩大就业。在当前经济下行压力不断增大、稳增长任务愈加繁重的情况下，积极实施结构性减税降费具有重要意义。近年来随着我国经济进入新常态，政府越来越多地利用减税降费进行宏观经济调控，并为缓解经济结构失衡提供了有力支撑。然而减税降费是否能够发挥“放水养鱼”的效果和援企稳岗的作用仍需深入探讨。因此，在“放管服”改革的背景下，本书从政府和市场两个方面探究如何更好地利用减税降费政策促进就业。通过建立理论模型，在企业微观层面上讨论减税降费对劳动力供给和产出效率的具体作用，并系统分析其带动就业传导机制，以期通过有效的政策，进一步推动经济可持续发展，实现高质量就业。

1.1.2 研究意义

1.1.2.1 理论意义

加强研究减税降费对就业的促进作用机制。本书从宏观层面分析我国税收政策在扩大劳动收入方面存在的不足，深入探讨减税降费对就业增长的促进作用，并达到经济平稳运行的目标。在这个背景下，本书从税收视角来探究减税降费的实施路径和作用机制。当前我国面临着劳动力供给过剩和结构性失业并存等问题，企业在发展过程中也承受了巨大压力。本书剖析了税收优惠政策对劳动力市场产生积极作用的内在机理，并提出我国政府已出台多项减税降费举措以缓解劳动力供给紧张的局面，并取得了一些成效。西方经济学中关于减税与就业体系的研究日益完善，曾被用于应对“大萧条”、经济危机导致大范围失业等问题，在我国财政和税收政策制定上同样具有很高参考价值。在当前经济下行压力加大、产业结构调整升级加速推进的背景下，我国面临着巨大的劳动力供给挑战。为了实现高质量发展和稳定宏观经济，需要注意利用税收政策杠杆来引导企业优化资源配置，提高生产效率和经济效益。近年来随着我国经济体制改革不断深化，政府采取了一系列措施推动减税降费。因此，在坚持促进就业方针的同时，必须通过结构性减税降费措施激发劳动力活力。为更好地应对这些挑战，需要根据我国经济社会发展现状制定更科学合理的政策。西方发达国家的实践经验表明，减税降费可以激发经济增长、扩大需求，为推动经济发展起到了积极作用。在我国当前的发展现实中，减税降费能够缓解贫困问题，并有助于产业结构调整。但需要注意的是，由于各国经济社会发展水平存在差异，在不同时期采取的税收政策也可能有所不同。目前我国正处于工业化中期阶段，在这一时期通过税收政策促进产业结构升级具有重要意义。同时，只有根据本国情况制定适合自己的税收制度，才能更好地实现税收宏观调控功能。此外，这种做法不仅会对其他发展中国家产生影响，在某些发达国家，其产业结构和就业人口也已经发生了变化，盲目套用西方财政和税收政策来促进就业，可能受到经济环境、政治体制及不同的税收结构带来的反效果影响。西方发达国家在调整产业结构方面的主要做法是通过积极的财政政策来实现。这些税收政策不仅可以促进本国经济的顺利运行，而且对其他发达经济体也具有重要借鉴意义。历史上，西方发达国家已形成了比较成熟的税收优惠制度，并采取各种措施刺激企业创新和促进技术进步。

具体来说，西方发达国家的经济社会发展水平较高，拥有完善的市场经济和社会保障制度。相比之下，我国正处于经济体制转型时期。由于历史原因，我国曾实行计划经济体制，并在此基础上建立了失业保险制度。然而这种制度缺乏市场机制的调节功能，为此我国政府进行了许多改革以提升失业保险效果，虽然存在不足之处，但在税收减免方面积累的成功经验值得研究借鉴。总体而言，在实施再就业工程时，西方各国主要采取了降低税率、扩大覆盖范围、增加补贴等措施。与此形成鲜明对比的是，中国劳动力市场发育还不成熟且城乡二元分割，这会导致失业人员增加并引发一系列矛盾问题。这些都严重阻碍了构建社会主义和谐社会进程。为了达成社会和谐稳定与可持续发展目标，需要深入进行税收改革，加强对弱势群体的扶持、促进充分就业并提高劳动者收入水平。虽然西方发达国家已经多次进行税制调整，但效果并不明显。相比之下，我国仍处于深化改革转型阶段，在制度安排和经济结构方面有待完善。长期实行计划经济模式导致贫富差距过大、收入分配不均衡及社会分配不公，这些都妨碍了构建社会主义和谐社会。为了实现社会和谐稳定发展，必须构建公平、公正的社会保障制度，并依赖健全的税收制度来保证其实现。在这个过程中，税收发挥着重要作用：它可以有效地调节收入分配差距，并缓解由劳动力市场失灵引起的一系列问题，从而为构建社会主义和谐社会提供强有力支撑。为了解决经济社会转型时期面临的就业压力问题，需要根据国情制定符合我国实际的税收政策。

本书定义了隐性失业的概念，并分析了我国劳动力市场现状、隐性失业产生的原因，以及与显性失业之间的关系。目前在我国有大量未受雇用、缺乏工作能力和技术的工人，他们被称为隐性失业者。由于自身素质低、缺乏职业技能和知识及不能有效利用现有资源等特点，隐性失业者将成为新一代最容易出现再就业困难群体中的一部分。造成这种情况主要是因为农村剩余劳动力涌入城市、高校毕业生数量增加，以及经济结构调整导致“就业难”“招工难”问题同时存在，并形成大规模非正式就业现象。由于体制转型和结构调整等多方面原因，我国劳动力市场出现了许多新情况。这些综合影响使得我国的就业形势变得越来越复杂。解决这一矛盾的关键是要加大人力资本投资和开发力度，提高劳动者素质。在人口红利逐渐消失、老龄化趋势加快、劳动力供给压力不断增加、就业形势日趋严峻的背景下，如何有效促进农民工市民化显得尤为重要。根据国际经验，将农村转移人口纳入城镇社会并赋予其相应权利是解决就业矛盾、提升城市化质量的主要途径之一。由于中国城乡二元结构和劳动力资源禀赋差异较大等综合影响，人力资本分布不均、供需缺口较大等问题日益突出，解决就业问题更加紧迫。随着我国经济进入新常态，这一问题将变得更为严峻。在此情况下，创业已成为解决就业矛盾的重要途径之一。作为一种新型的就业形式，创业带动就业引起了社会各界越来越多的关注与重视。近年来国家相继出台并实施许多优惠政策以促进创业带动就业，并激发大学生自主创新的积极性。例如，鼓励高校毕业生到农村工作、实施“大众创业、万众创新”等措施。这些政策在很大程度上减轻了因城镇失业率攀升所带来的不利影响，并有效激发了消费需求。然而我国经济仍处于转型阶段，面临结构性问题等一系列挑战，这是由多种因素导致的。税收优惠主要以减税降费为主，这成为拉动内需和推动产业升级的重要途径。我国已连续多年实施积极的财政政策，旨在扩大国内需求、稳定经济增长。随着“大众创业、万众创新”战略不断深化，“双创”活动越来越活跃，更多创业者选择通过创业实现自我价值并提高收入和改善居住条件。近年来我国政府出台了一系列优惠政策，有利于创业和就业的发展，并取得显著成效。然而在这种情况下，除了总量矛盾尖锐外，就业质量水平不均衡也构成当前劳动力市场发展的新常态。同时我国经济增速下滑、通货膨胀压力加大、失业率攀升等现象与减税降费密切相关。因此，如何通过实施减税降费措施来刺激经济增长并提高就业率是目前亟待解决的问题。针对以上情况，本书研究了减税降费政策对减少失业人口、缓解当前严峻就业形势的积极作用。研究结果可以丰富和充实税收政策和就业理论框架，并缓解企业和劳动者之间的冲突，提升社会资源配置效率，降低劳动力成本以达到产业升级目标。

1.1.2.2 现实意义

随着中国经济进入新常态，企业的生存和发展问题变得更加突出。在这个过程中，中小企业作为社会主义市场经济的重要组成部分，受到了越来越多的关注和重视。尽管中小企业在国民经济中起着决定性作用，但目前许多企业仍处于困境之中，主要原因包括劳动力成本上升、原材料涨价等，这也导致了企业融资难度增加。自2018年以来，国家出台了一系列政策加大对中小企业扶持力度，但是，由于我国金融环境不够健全，信用体系建设落后等原因，中小企业依然面临多种经营难题，为缓解这些难题，国家提出了建立多层次资本市场体系的计划，大量现有研究从成本角度分析了我国中小微企业融资困境形成的根源，并指出高昂的资金成本、有限的融资渠道和贷款难度是导致许多中小微企业破产倒闭的主要原因之一。此外，原材料成本上升、税负压力大，以及生产经营不善等也是导致中小微企业破产倒闭的重要原因之一。近年来全球金融危机对我国中小微企业造成了巨大影响，许多民营企业陷入破产清算或被兼并重组的困境，尽管地方政府出台了一系列促进中小微企业发展的优惠政策，但稳定就业等挑战仍然存在。随着社会经济结构转型升级和劳动力市场供求关系深刻变化，劳动力成本迅速增加已是不争的事实。在当前形势下，如何有效控制劳动力成本上升是我国经济社会健康协调发展的重要课题。现有研究表明：劳动力成本上升已经成为中国经济社会可持续发展的障碍，尤其在微观方面，在劳动力市场中，工资水平直接影响企业生产的经济效益，因此研究如何降低劳动用工成本就显得尤为重要。在宏观层面上，存在劳动力市场结构性失衡问题，企业用工总量不足和劳动者素质不高是当前就业形势严峻的重要原因之一。具体来说，一方面社保缴费过高是导致劳动力成本上升的主要因素，企业用工短缺则加快了这种增长速度；另一方面社会保险制度存在许多不合理之处，也是导致劳动力成本上升的主要原因。为解决这个问题，必须进行深层次的体制改革，并建立统一规范、权责一致、运行高效的基本养老保障体系。目前我国城镇养老保险制度改革已进入深水区，并出现“参保难”现象。在企业方面，企业社保缴费率过高不仅会降低劳动者对社保制度的满意程度，还可能引发其他社会矛盾。相反地，如果企业社保缴费率太低，则无法实现公平与效率目标下的社会福利公正分配。目前我国养老保险制度正处于转型时期，近年来工资年增长率保持在10%以上，导致企业社保缴费金额较高的问题日益突出。作为经济主体，企业的行为不仅关系到自身利益，还对整个社会经济发展有着重大影响。因此，企业应该主动履行社会职责。如果企业不能承担相应责任和义务，则可能引发劳动纠纷等社会矛盾，并危及社会稳定。近年来为了招揽人才和提高劳动生产率等，许多企业采取了提高职工工资水平的措施。在这种背景下，有些企业提出建立“弹性”工资制度的构想，如设置岗位工资、推行绩效工资和实行年薪制等，也有一些企业采取其他措施以降低职工平均工资。然而，这些措施并没有从根本上解决企业用工成本过高的问题。相反地，许多员工感到生活无保障，其原因是企业对薪酬方案缺乏有效激励手段，目前许多企业仍在使用计划经济时代形成的工资制度，以固定工资为主体进行人员招聘和管理，这种做法不仅导致企业对劳动力需求减少、制约就业规模，还使得劳动者无法获得社会保障待遇，并降低他们的工作积极性和稳定性。同时社保基金也成为企业的负担，如果企业亏损，社保基金就无法按时全额上缴，因此许多企业不愿意为员工支付任何福利，并且有些企业甚至要求职工在放弃社保权益协议书上签字以免缴纳社保费用。这种做法不仅损害了企业和职工的利益，还使得企业无法获得足够的资金进行正常生产经营活动。同时，由于社保制度不健全，企业在发展过程中缺乏足够的动力，国家应采取措施减轻企业负担。

高税费会挤占企业利润并影响生产经营和就业。虽然当前第三产业比重不断提高，但随着经济结构转型升级，劳动密集型行业遭遇用工荒。解决中小微企业的就业问题是关系到整个国民经济能否健康稳定运行和可持续发展的重要战略问题之一。目前我国经济处于新常态发展阶段，产业结构不断优化且转移步伐加快，劳动力市场供求关系深刻变化，就业形势日益严峻。因此，研究税收政策如何促进中小微企业稳定就业具有重要意义。

本书分析表明，在减轻中小微企业的就业压力方面，虽然税收起到了积极作用，但同时存在一些需要改进的问题。多项减税降费政策直接或间接地促进就业，包括直接激励重点群体的税收优惠、社保降费等。这些政策虽然能够促进企业扩大生产规模，但降低了劳动供给总量并抑制需求，导致失去工作机会和增加就业压力。从整体来看，减税降费可以有效地增加劳动收入比重，缓解社会矛盾并促进经济平稳增长。此外，还有一些政策措施间接影响就业，如增值税税制改革、所得税优惠政策及涉企费用减免范围的扩大等。另外，有些地方政府出台了鼓励创业创新等促进就业的措施。这些措施在减轻企业负担方面具有积极作用，并对经济增长产生刺激效应。在当前经济形势下，需要注重财政政策对就业的促进作用，特别是要加大减税力度和刺激消费需求。同时，还应该加强税收征管工作以提高税收收入水平，并更好地推动就业发展。

本书从宏观角度分析我国当前税收政策在促进就业方面的功能和问题，并提出相关建议。虽然我国税收政策对促进就业起到了积极作用，但也存在一定的消极影响。具体来说，减税降费措施对就业产生了何种影响、这些措施能否有效拉动就业增长、不同类型企业受其影响效果有何差异、如何评估这些措施的经济效应等问题需要研究。在新一轮财税改革中，政府应发挥职能作用优化税制结构和完善税收政策以更好地服务于经济社会发展大局。减税降费政策在促进就业方面产生了显著效果，2014—2019年，我国实施了超过6万亿的大规模减税降费政策。通过一系列措施，减税降费规模不断扩大，并且对宏观经济产生了明显的影响。虽然这些措施有助于企业减轻负担、刺激国内消费需求、推动经济发展，但也会对某些行业（尤其是制造业）产生不利影响。目前国家已出台多项税收优惠政策，包括降低部分商品出口退税率等，旨在减轻企业负担并提振内需。然而，这些优惠政策是否能够稳定就业增加就业数量、持续扩大社保覆盖面及提高就业质量，仍需要进一步研究。

近年来，我国经济面临下行风险加大的挑战，为了应对这一局面，部分地方政府出台了一系列旨在降低实体经济成本和减轻企业负担的措施。然而，这些措施是否真正有效，能否扩大就业、解决“稳增长”和“调结构”的矛盾是需要进一步研究的问题。在未来执行期间，仍需进行实证检验以确定我国减税降费政策的效果。同时，在推动经济发展与减税降费之间寻求平衡也非常重要。当前，我国正在进行改革攻坚工作，减税降费被视为一项重要而有效的宏观调控手段，其意义和价值不可低估。由于国内对减税降费政策对就业总量和结构效应的影响分析较少，因此需要深入研究其具体功能并提出相关建议。

本书以“营改增”“企业所得税制改革”“降低企业税负”等政策为例，探讨减税降费政策的效果及影响因素。本书采用文献分析法、定性分析法和定量分析法，首先阐述国内外减税降费与就业相关理论；其次介绍我国当前宏观经济形势及税收政策实施效果；最后采用面板数据计量方法进行回归模型构建和参数估计。本书旨在分析企业税负对就业数量和质量的影响机制，并提出优化就业政策的建议，以实现社会稳定、经济与就业协同发展的目标。

1.2 文献综述

1.2.1 基本概念方面

1.2.1.1 减税降费政策实施效果

大多数学者认为我国减税降费政策实施效果显著。高培勇等[1]指出，减税降费整体呈现集合作用，促进了市场需求的扩大和投资、消费的增长。文章分析了结构性减税在经济发展中的积极作用和消极影响以探究其效果。然而陈彦斌等[2]在系统分析历次减税降费政策实施效果后发现，在宏观层面上企业宏观税负水平不仅没有下降反而有所提高，并得出结论：各项结构化减税政策的实施效果并未达到人们的期望；从宏观经济角度来看，宏观税负一直处于上升状态。但是，在微观层面上无论是企业所得税还是个人所得税均呈现下降态势，并且消费税始终保持增长趋势。总之，从长期来看，结构性减税可以为经济增长提供动力支撑。自2016年起，我国全面推开营业税改征增值税等减税措施，并不断出台新的政策。这些结构性减税措施对企业生产经营产生积极影响，尤其是自实施减税降费政策以来，对经济增长起到一定拉动作用。陈曦等[3]证实了减税降费对市场的刺激作用，并且有助于企业预测市场发展趋势。冯俏彬[4]认为，在市场疲软时期实施减税降费可以缓解企业经营压力并提高其信心和对政府的信任度。研究表明，减税降费不仅可以降低企业的负担、提升市场信心和政府信任度，还能促进经济增长。

1.2.1.2 减税降费与企业发展的关系

关于减税降费的微观层面研究，大多集中在探讨其如何促进企业发展及整个经济发展，并从不同视角提出意见。然而在宏观层面上，关于减税降费对国民经济增长所起作用的研究较少。由于宏观经济增长更受财政政策影响，因此，需要同时考虑宏观和微观两个层面来评估减税降费的效果。本书从宏观经济学角度入手，分析了现阶段我国减税降费政策对宏观经济增长的影响，并得出相应结论。Wenchun Wang利用拉弗曲线从输出、消费和汇率三个方面动态检验了减税产生的拉弗效应，并发现减税能够在某种程度上刺激经济并推动其繁荣发展。同时Zheng和Severe[5]从临时口径和永久口径两个方面研究收入减税政策的影响，并得出结论：无论是什么类型的收入都需要降低税率以促进就业供给量和居民消费量的增加。因此，政府应根据实际情况制定合适的税收政策以达到最优宏观经济调控效果，文章提出了“减税、降杠杆”的概念，并将其界定为一种结构性政策工具，用于调整总需求和总供给比例关系，进一步探究了减税降费对宏观经济及微观经济主体所产生的积极作用及其机制，丰富已有研究成果，为政府制定有效的税收政策提供理论依据。彭俞超和顾雷雷[6]使用2007—2015年上市公司面板数据得出以下结论：营业税改征增值税政策和其他减税降费的税收激励政策旨在降低企业负担，能够遏制企业金融化行为并放缓经济与实体分离趋势。同时部分学者的研究表明，减税降费可以降低企业税负、促进经济发展，但政府面临着更大的财政压力。因此减税降费成为当前我国财税改革中一个重要内容。李戎、张凯强和吕冰洋[7]利用我国县级地区数据进行研究，并分析认为：县级地区降低企业税率会促进经济增长加快，但同时也会导致县级政府收入减少，从而使地方政府面临较大的财政支出压力。虽然减税降费可能会降低县级政府的税收收入水平，但并没有削弱其承担财政责任的能力。减税降费虽然为企业减轻了负担，但也增加了其投资成本。政府在实施减税降费时面临着更大的财政压力，一些学者对此持乐观态度。郭庆旺[8]通过调查发现，尽管减税降费可以为企业减轻负担，但同时也给国家财政带来巨大压力。然而这并不意味着应该对这个问题持绝对悲观的态度。在财政压力加大的背景下，应把握机遇推进财政体制改革，加快建立现代财政制度。当前我国面临巨大的财政压力，主要表现在地方经济困难和税收收入下降等方面，因此在考虑如何更好地发挥税收调节功能、缓解地方经济支出矛盾时需要从可持续性角度审视问题。Kim 和 Choi[9]在研究中得出结论：免除可交易部门资本所得税是最大限度减少财政收入流失的最有效措施之一。总之，在实施减税措施时需要注意不要过度夸大财政可持续性问题。

1.2.1.3 减税降费对就业的促进作用

陈萌[10]分析了减税对就业传导机制的作用，发现总体上减税免税可以积极促进就业。在不同税种中，所得税和增值税等都可能影响就业。从行业层面来看，个人所得税有利于劳动密集型行业（如制造业、建筑业、服务性行业、批发零售业）的就业增长。因此，应继续并适当加大个人所得税力度，从而有效刺激就业。徐烜和雷良海[11]研究分析了减税对产业结构和劳动力供求结构的影响，认为如果企业所得税占企业利润比率高，就会减少对就业的正向拉动作用。刘安长[12]使用面板模型进行实证研究，得出以下结论：我国目前所得税占比偏低，税制主要由增值税、消费税等间接税构成，这使得减税对就业的促进作用大打折扣。同时企业所得税地位不高且其过高的税率导致了企业负担过重。因此，政府应该通过增加对企业（特别是高新技术行业和高赋税行业）的减免来调整经济结构并扩大就业人口规模，同时需要注意调节好与宏观经济政策之间的关系，以防止过度刺激导致结构性矛盾突出。Owen Zidar[13]通过研究不同收入群体在减少纳税方面整体经济活动受到的影响发现：减少纳税可以促进就业，其中对于低收入群体而言具有更积极的拉动效果；相反地，在收入水平较高时，则会对就业产生较小影响。此外，随着我国经济进入新常态和居民可支配收入不断提高，逐渐凸显出了消费需求不足的问题。因此，政府有必要改善居民收入水平并完善税收制度，以扩大消费和增加供给。随着城镇化进程加速和人口老龄化程度加剧，未来减税政策可能更关注中低收入者，并增加对中低收入者的税收政策支持力度。同时，学者们也在研究优化减税政策以促进就业等方面提出了不同看法。这些观点对本书更深入地了解我国当前阶段减税效应有很大的启示。在税收改革方面，如何发挥税收调节经济增长的作用？孙岩岩[14]认为，为了更好地促进就业，特别是保障弱势群体的就业，税收政策需要逐渐改变其短期多变性，并建立一个较长期、较稳定的机制。在税收体系中，社会保障税是其中非常关键的一项税种。韩冲[15]提出，在拉动就业方面，社会保障税是否健全以及征收是否合理尤为重要，他认为应通过优化和调整税收优惠政策来提高政策实施效果，并使其真正发挥促进社会和谐发展的作用。周波和张兆强[16]表示，应不断规范和完善税收管理制度和管理模式，并切实提高工作效率，节约纳税人的时间。

1.2.2 理论与实证分析方面

国外学者早在很久以前就开始研究税收政策对劳动力市场的影响问题。Feldstein[17]分析了劳动密集型产业，发现课税会导致劳动力市场需求下降，从而使用工成本上升，推动企业通过加大资本投入来解决由于劳动力短缺造成的各种难题。他认为，在市场经济条件下，政府可以通过制定相应的税收政策来刺激投资、鼓励消费，从而实现充分就业和经济增长。我国人口众多，是率先实行税收优惠政策的发展中国家，在这方面有着值得学习的经验。本书将从国际比较角度出发，通过回顾和整理国内外相关文献探讨税收政策对我国就业及收入分配机制及其影响效果。

自改革开放以来，我国产业结构已经发生显著变化：第三产业比重逐步提高而第二产业萎缩，并与劳动力需求不足密切相关。近年来我国政府采取积极的财政政策，加大基础设施建设投资力度，提高劳动者素质并鼓励自主创业，以刺激消费需求和扩大就业空间。然而这些措施的效果并不理想。在世界金融危机和其他因素冲击下，我国经济增长趋缓，失业率上升使得劳动力市场面临着严重挑战。在这样的背景下，研究税收政策与劳动力市场之间的关系具有重要意义。国内学者已经讨论过课税是否可以促进就业问题，但是尚未得出一致结论。如何通过影响就业结构来促进就业呢？税收到底如何影响劳动力市场？在此基础上如何制定更有利于劳动力就业的税收政策？作为宏观调控经济的主要手段之一，税收与经济发展水平密切相关。因此，系统地研究我国税收政策与劳动力市场之间的关系非常必要。作为最重要的宏观调节工具之一，税收通过改变企业成本结构影响其生产经营决策，从而间接影响就业规模。

Koskela等[18]认为，税收政策通过影响劳动力需求来调节劳动力与资本的相对价格关系。当政府实施资本导向型政策时，企业倾向于增加资本投入而减少劳动力使用。相反，当劳动力成本上升时，企业会减少用工需求，可能导致劳动力短缺。值得注意的是，劳动力价格上涨会产生双重效应：一方面会刺激劳动力供给增加，另一方面会促使企业通过资本替代劳动来降低生产成本。劳动力成本变动会引发企业的替代效应：当劳动力成本提高时，企业可能增加资本投入来替代部分劳动力，但同时为满足生产需求仍会保持一定的用工规模。然而，若劳动力价格持续上涨，企业最终会减少用工需求。这种生产要素的重新配置基于成本收益分析，劳动力成本上升会导致实际工资水平下降，既影响劳动者报酬的获取，也可能制约企业的经营活动。实证研究表明，劳动力成本上升通常会导致企业缩小用工规模，降低生产效率，进而阻碍利润和经济增长，但劳动力收入适度增长可以刺激消费需求，促使企业扩大生产规模，从而增加对劳动力和资本的双重投入。因此，税收作为政府调控宏观经济的重要手段之一，可以促进社会总产出的增加，通过影响资本供求关系来间接促进经济发展。本书认为税收是政府宏观调控政策之一，可用于调节产业结构、优化资源配置和实现宏观经济目标。通过改变企业的投资行为，税收能够改善就业问题。从长期来看，企业的投资决策会受到税收因素的制约，税收变化会导致企业投资规模调整，并影响就业总量和水平。理论上讲，税收政策可以降低劳动力市场交易成本并提高效率，通过降低劳动力成本、提高工资和扩大自身投资以满足市场需求等方式，企业也可能增加人力资本投入；减少生产经营活动所需的固定资金、提高劳动生产率并降低失业率，使整个社会就业得到改善。因此，在刺激就业方面，作为政府调控经济的工具之一，税收具有重要意义。本书通过构建一个动态模型分析了税收与就业之间的关系。

早期关于税收政策对劳动力市场的影响研究为本书探讨税收政策与就业的关系做了铺垫。目前国内外有关税收对就业影响的文献大多基于宏观层面，研究的侧重点为税收政策对经济增长和产业结构等方面的作用，很少涉及税收政策本身所具有的微观传导机制。本书将主要探讨作为国家宏观调控政策之一，税收是如何影响就业的。目前，在税收对就业的作用机制研究中，一些观点比较接近现实情况，但也有一些观点并不符合实际情况，因此需要进一步完善和发展。本书首先通过构建计量经济模型探究了我国现阶段税收政策对劳动力需求的作用机制，并在此基础上考察了减税政策对劳动力收入分配的影响及其效果。

Zodrow 和 Diamond [19] 认为减税政策能够促进经济增长、提高社会投资水平和就业水平。本书进一步考察我国不同时期的税收政策对就业结构变化的影响，并得出相应结论。从促进就业角度出发，运用计量经济学方法实证检验了税收和就业结构之间的关系，并探讨了企业所得税、个人所得税等主要税种对就业规模产生的影响。本书初步探讨了劳动收入分配问题，并提出相关建议。在此基础上，进一步论述了税收如何通过改善劳动报酬、增加劳动供给来促进宏观经济发展。研究表明，税收降低了劳动报酬，从而推动经济发展。虽然税收对于劳动者的就业具有积极作用，但也会产生负面影响。因此，本书认为应该综合运用税收政策手段（如降低税率、征收社会保障税等），以实现促进就业和拉动内需的双重目标。Diamond 和 Zodrow [20] 的研究还得出如下结论：所得税的征收对经济和就业增长产生不利影响。本书认为税收是一种调节手段，具有两面性。

Michaelis [21] 对 OECD 成员国的税制改革发展历程进行梳理后发现：一方面，增加工资税可以促进就业并有效提高经济水平；另一方面，减少资本利得税能够产生相似的政策效果。此外，降低税率有助于遏制过度竞争、完善产业结构。因此，所得税成为各国普遍采用的税收政策，并一直保持着较高的征收率。以税收和劳动关系为视角分析我国所得税制度，可以发现劳动报酬所占比例过低的问题，这不利于实现"稳增长"的目标。在我国人口红利逐渐消失的背景下，人力资本短缺已成为制约经济持续稳定增长的主要因素之一，尤其体现在劳动者数量方面。因此，完善个人所得税制度、推进劳动收入分配制度改革显得尤为重要。通过调整税收制度来优化劳动力资源配置、提高劳动收入水平变得十分必要。

Kojima 等人 [22] 提出，优化劳动力结构是促进创业和就业的有效手段。所得税的开征会降低企业雇佣劳动力成本、打破产业间的就业壁垒，但可能对经济增长和就业产生负面影响。从税收角度比较不同税种对劳动要素需求的影响，研究建议我国应采取增加工资税和资本利得税相结合的税收制度。

Michaelis等[23]的研究进一步发现：工资税因其累进性特征，能够有效调节劳动力供给与需求。他们的研究从理论和实证两个方面证明了所得税制度与就业结构之间的正相关关系。通过构建含税收的综合模型，进一步解释了所得税制度如何通过对劳动力市场产生作用来影响产业结构。研究结果表明，随着收入分配制度的调整和产业升级步伐的加快，我国的产业结构也会相应变化，从而使就业结构与产业结构之间存在一定程度上的相关性。在讨论优化劳动力结构问题时，Kojima等[24]提出：优化配置劳动力整体结构是推动创业、实现就业的有效途径；打破行业间原有的就业壁垒可以减少企业雇佣劳动力费用。

以上结论表明减税促进了就业，但是一些学者持有不同看法。他们认为征收适度的所得税对经济和就业都有利，但作用较弱，并且这与Roeger[25]的结论相符。因此，在现阶段，应采取积极的措施进一步完善税收制度，以充分发挥税收政策促进经济增长并缓解失业压力等作用。本书在理论研究的基础上指出，我国目前的税制结构对就业增长不利，税收优惠政策可以有效刺激经济发展从而扩大就业。同时发现，税收政策在一定时期内对促进就业存在时滞性影响。随着经济增长水平的提高，税收政策的有效性会降低。因此，如何充分发挥税收政策的经济调节作用已成为本书面临的重要课题。

产业结构关系到一个国家或地区经济社会的发展水平及竞争力的强弱。它直接影响到一个国家或一个区域的就业状况。本书从产业结构入手探讨了我国现阶段产业结构变动和就业之间的相关性。首先回顾了有关税收促进就业影响因素及税收政策对就业影响的国内外文献综述；然后界定了产业结构和就业之间的关系；最后提出了本书的主要观点和结论。国内的研究大多从产业、企业两个方面对税收政策和就业等进行分析。罗宏斌[26]从微观视角考虑了个人和企业层面，以及中观视角的产业层面，对税收和就业的作用机理进行剖析，并构建一个全面的综合分析框架。他提出我国正在进行产业转型升级，就业机会也在不断增加。因此，在实现社会繁荣与安定方面，税收政策应与产业政策相结合，并激发科技创新；同时还要加大劳动密集型产业税收优惠力度。曲顺兰[27] 21-25认为，可以通过税收政策来推动第三产业的发展、促进产业转型并增加就业岗位数量，产业结构对就业结构的变动起着决定性作用。产业结构调整必然导致就业结构发生变化，从而实现经济增长方式的转变。税收政策可以通过影响产业结构来促进经济增长。王怡[28]提出，过重的税收负担会对劳动力需求产生负面影响。为应对税收压力，企业不得不降低用工标准以减少就业弹性，这最终会导致企业生产效率下降。同时税收可以促使企业进行技术创新并推动经济增长。因此，政府有必要合理制定税收优惠政策以激励企业加大投入、扩大产出和提高劳动生产率，优化升级产业结构，并最终推动经济增长目标的实现。目前国内学者主要从中观角度研究税收政策对劳动收入份额和就业状况的作用机制。本书采用宏观视角，选择不同行业进行实证分析，并构建模型，发现税收政策可以显著提高劳动参与率。此外，在微观层面上，本书发现税收优惠能够显著改善劳动者的收入水平，同时还发现不同规模的公司在税负变化方面存在差异，并且整体呈增长趋势。安体富和杨金亮[29]比较分析了中外小微企业对就业的正面影响，并提出应继续推出“导向性”税收政策，进一步扶持小微企业的成长，这样可以真正起到稳定经济、保障就业的协同效应。龙丽佳[30]指出，减税降费是国家中长期财税政策之一，必须朝着巩固就业基础的方向发展，并推动创业和就业并行不悖。同时还要加强对中小微企业的融资服务和金融服务工作，帮助他们实现高质量转型升级。郑秉文[31]表示，“保就业”“精准实施”的减免税政策应该向具有高度灵活性的行业企业倾斜。重点推进供给侧结构性改革，并完善促进中小企业健康持续发展的政策措施。何代欣[32]认为，保障就业问题需要从中观产业入手，确保行业高效运转，并解决微观（小微企业）发展困境。在维护财政约束力的同时需要精准施策。为避免陷入债务危机，必须从宏观层面制定相应的政策措施，包括结合财政和货币政策降低税率、刺激消费和投资需求以推动经济增长。此外，还要注重税收优惠对不同所有制结构下产业结构升级的激励作用。在考虑税收政策现实性的基础上，必须注意政策执行的可持续性，并且不能忽视减税降费对市场结构、收入分配和社会公平等方面的影响。马珺和邓若冰[33]指出，在大规模减税降费时需要聚焦于供给侧结构性改革，并高度关注可能引发的财政风险。如果长期实行减税降费政策，则必须满足一个前提条件才能获得长久发展。马国华等[34]提出以就业群体为出发点的文献研究。马昆姝[35]建议，针对创业和下岗再就业人群制定合理费用扣除政策，以维护就业市场的稳定和良性运行，并促进新发展格局的快速实现。我国需要采取一系列政策措施来解决当前面临的复杂而敏感的就业问题。有学者认为，在财政和税收优惠方面需要进一步完善，并建立多层次、广覆盖的社会保障体系，同时也需要制定具有针对性的税收政策来推动区域协调发展。也有学者从财政政策角度出发，通过分析国内外经济现状和发展趋势，提出构建更有效的就业增长促进机制。通过介绍相关理论基础并结合现实背景，分析我国目前存在着严峻的就业问题。其中最突出的困境是劳动力市场供需矛盾突出并伴随人力资本投资不足。这个问题不仅关系到劳动者个人生活水平和质量，还将直接影响企业的生产经营效率。由于传统经济体制的深刻影响，我国现行税收政策未能充分发挥作用，导致劳动报酬比重过低，进而使得劳动者收入偏低。此外，在全球金融危机背景下，资本流动规模扩大导致国内资本流动性增加，从而进一步扩大我国对劳动力的需求和就业压力。因此，有必要借鉴国际经验并完善相关财税政策措施以优化社会资源配置、提高资源利用效率，并缓解劳动力供求失衡等问题。具体来说，需要健全促进就业的财税体系；建立多层次税收体系；强化财税支持；构建促进劳动力转移的税收优惠政策机制。

李平[36]通过比较国内外有关就业创业财税政策，提出了劳动力需求和供给要同步协调的观点。针对低技能人群，建议采取财税教育补贴方式来缓解培训支出带来的经济压力，并注重供需平衡以解决结构性失业问题。马海涛和王斐然[37]综合考察了产业结构调整和税收政策对就业市场的作用，并提出持续完善产业税收政策与职业培训体系、加快行业转型升级步伐、培养职业人才等方面的政策建议。董丽娟[38]指出，在市场经济中，就业是供需平衡的重要枢纽。因此，财政政策可以全面保障就业质量并有效刺激国内市场需求端，为实现国内和国际双循环发展新格局铺路。各国都非常重视通过财政手段促进经济增长以保障社会稳定和谐并实现充分就业。因此，应该充分发挥财政政策作用，促进产业结构优化调整、提高人力资本水平、创造良好条件和增加就业等。针对我国劳动力市场多元化发展状况和灵活就业的需求，梁译心等[39]分析了我国灵活就业群体的税收问题，并提出政策建议，包括就业群体集群登记、委托代征和减低税负等方面。

现行税收政策存在两个主要问题：一是系统性不足，亟须改进；二是覆盖面有限，难以全面发挥促进产业结构调整和经济增长方式转变的作用。这些问题不仅限制了国民经济的持续、快速、健康发展，还为宏观经济管理带来了新的挑战和机遇。为了应对这些现实问题，本书提出了若干改进建议。首先，应完善税收优惠制度，特别是为引导企业技术创新提供更多支持。其次，需要通过税收政策的调节，从宏观层面和微观层面解决当前存在的实际问题。最后，在现行财政体制下，政府应进一步加强就业支持力度。王振宇等[40]指出，中国现有的财税政策体系在支持就业方面力度不足，特别是在推动产业结构转型时难以充分发挥作用。为此他们建议以大学毕业生和农民工作为重点对象，优化教育结构，支持农民工培训，缓解就业压力。目前我国的税收政策还存在诸多不合理之处，政府应健全相关法律法规，并强化税收扶持政策。现行政策在促进就业方面表现不佳，原因在于缺乏系统性、结构性支持，且政策的针对性不强。

然而在就业扶持方面，现行政策效率受限，原因在于缺乏完善的激励机制，且税收优惠政策本身存在缺陷。李霞[41]指出，我国现行的就业税收优惠政策不够完善，缺乏普遍性与长效性，并且政策制定缺乏主动性。这些问题表明，当前的就业税收优惠政策亟须改进。邢玉敏[42]指出，现有就业帮扶措施缺乏长效机制，且在一定程度上忽视了农村劳动力需求问题。这导致了现有政策创造的就业岗位远未能满足市场需求。此外，个体劳动者提高创业意愿的前提是提升自身素质，但目前的税收扶持方式过于简单，无法对个体劳动者产生强有力的激励效应。为了有效提升就业支持力度，政府应进一步加强税收扶持政策，增强其激励效果。然而我国目前缺乏针对创业型中小企业的税收法规，导致此类企业面临较高的税负和融资困难，难以享受税收优惠政策带来的实际好处。李颖[43]指出，我国的税收激励机制不够健全，导致就业和创业动力无法完全释放。她建议应加大个人所得税对人力资本的优惠力度，提升“就业与创业能力较强”的内生动力。然而创业活动面临较高的门槛和融资困难，这些问题制约了创业活动的持续健康发展。此外，当前的税收政策在促进创业方面也存在诸多缺陷（如缺乏灵活性），难以满足不同类型企业的需求。包健[44]认为，现行的税收优惠政策主要针对初期发展的企业，虽然具有一定的包容性，但难以涵盖企业在成长与发展过程中的所有环节，这成为我国就业税收政策面临的一个重要问题。目前创业扶持资金主要来源于政府财政拨款，而非社会资本的投资，这与我国当前的经济增长方式并不协调。虽然地方政府推出了多项税收优惠政策以鼓励创业，但整体效果并不理想。实际上创业企业享受的税收减免远低于预期目标。学术界普遍认为税收政策在促进就业方面具有正向调节作用，但这一作用尚未得到充分发挥。胡铁寨[45]指出，现行的促进就业税收政策缺乏深度，覆盖面不够广泛，区域公平性亟待提高。此外，这些政策受到其他因素的制约，显示出较大的改进空间。王琦玥[46]认为，现行的税收政策在促进就业方面未能发挥显著作用，其主要原因是尚未形成系统化的促进就业体系，各项相关政策之间缺乏联动性和互补性，覆盖面狭窄，难以满足市场的就业需求。张巍滔[47]同样认为，现有政策的涵盖范围主要集中在城市，忽视了农村地区的就业问题。此外，现行政策的时效性较差，难以跟上市场经济的变化节奏。综上所述，现行税收政策在促进就业方面存在诸多问题，主要包括系统性不足、覆盖面狭窄、政策时效性差等。这些问题不仅影响了政策效果，还制约了国民经济的持续发展。因此，政府应进一步完善税收优惠政策，增强其针对性和长效性，以有效促进就业，推动经济健康发展。

王春成[48]认为，现行税收制度在就业问题上存在诸多不利因素。当前的税收政策在促进就业方面表现出较强的临时性，政策设计和执行难以持续。在新常态经济背景下，政府应积极引导企业创新创业，通过税收手段促进中小企业的发展，以推动国民经济增长。为此，政府需要调整宏观税收结构，构建多层次的社会保障体系，提升税收优惠水平，并增强征管透明度。同时还需加强对税收优惠政策执行的监督，以确保政策的有效实施。

1.2.3 减税降费对就业数量的影响

1.2.3.1 经济主体角度

在研究减税降费政策与劳动力市场均衡时，国内外学者通常从微观经济主体的决策行为出发，试图通过减轻企业的税费负担来影响劳动力供需决策。Harberger[49]认为，企业所得税主要由资本承担，短期内无法将其转嫁给劳动者，因此企业所得税对总劳动供给的影响较小。Shoven和Whalley[50]使用了更强大的数学工具，在综合考虑多个税种的同时还粗略地涉及了收入分配与闲暇选择问题。他们的研究表明，在生产和消费替代弹性假设条件下，资本承担了接近100%的税收负担。由此可见，资本成本的增加将导致劳动力需求的下降，从而减少劳动力投入。

本书扩展了上述模型，将人力资本纳入分析框架，发现企业内部不同类别的劳动力在面对税收负担时会有不同的反应。研究表明，考虑到工资、教育和医疗等因素后，企业所得税的确会降低劳动力市场的竞争程度，减少企业利润。这说明企业层面的减免税负并不像个人所得税那样普遍有效，并且可能会通过减少利润的方式间接影响劳动力供给。

国内学者也对企业税负与劳动力供给的关系进行了研究。曲顺兰[27]21-25、李洪心和付伯颖[51]、解素艳等[52]基于现实情况指出，税收对劳动力供给的影响主要体现在个人层面上，企业层面的税费变化对劳动力供给的影响较小。然而国外一些研究发现，企业的税费负担可能会转嫁给员工，进而影响劳动者提供劳务的积极性。Hassett和Mathur[53]、Felix[54]以及Desai、Foley和Hines[55]的研究表明，工资与企业所得税的最高税率之间存在显著的负相关关系，这意味着企业的税负增加时，部分税收成本将转嫁给劳动者，导致工资下降，从而降低劳动力供给。

国内外学者普遍认为，直接刺激就业的减税降费政策能够有效促进企业吸纳更多的劳动力。彭国富和张玲芝[56]通过基于库克曼–拉姆齐模型的分析指出，减税政策有助于促进充分就业。王怡和张松[57]、孙岩岩[58]、郭佩霞和杨苑誉[59]，从扩大受益主体范围、加大优惠力度及优化管理方式等角度提出了完善税收优惠政策的方向。

此外，劳动力成本已经成为劳动密集型产业的重要负担之一。王春成[60]指出，在吸纳特殊人群进入劳动密集型企业时，税收支持显得尤为重要。同时通过提升员工素质和加强职场培训也可以减少劳动力成本支出。企业为员工缴纳的社会保险费用也构成了劳动力成本的重要组成部分。朱文娟和汪小勤[61]指出，公司缴纳社保费用可能会抑制其发展扩张，并导致就业挤出效应，尤其在收入较高的地区更加显著。因此，减轻社保负担、降低用工成本有助于扩大企业的雇佣规模。

西方学者大多研究企业所得税对就业的影响，并将企业所得税视为对资本的征税。本书从资本和劳动力两个方面考察资本税对产出和就业的不同影响，研究发现资本税会通过两种渠道影响产出和就业：一是要素相对成本的变化会影响劳动力需求，二是资本税可能促使企业减少固定资产投资支出和劳动力投入意愿，从而遏制了就业和经济增长。Fullerton和Rogers[62]、Daveri和Tabellini[63]认为，在降低劳动税率的同时适度提高资本税率，能够促进就业和经济增长。他们称这一现象为“替代关系”。

Juan[64]的研究指出，减税降费对就业数量效应需要考虑资本与劳动力的相互关系。如果资本与劳动力之间存在替代关系，资本税的不利影响可能会遏制就业扩张。因此，在研究资本税收负担时，需要同时考虑劳动力的投入。此外，税收负担不仅影响企业的生产经营积极性，还直接影响宏观经济发展，通过减少资本税，可以促进投资、扩大企业规模，从而扩大劳动力需求。

在微观层面，税收优惠政策通过降低企业税费负担吸引企业投资，进而刺激就业扩张。实证研究表明，每减少1%的企业税费，地方企业对劳动力的需求量将增加3%～4%[65]。然而Buera和Shin[66]指出，对于有融资约束的小微企业而言，税收优惠对就业的影响并不明显。为了进一步促进经济增长，扩大税收优惠的覆盖面和加大优惠力度，可能是推动就业扩大的有效途径。

总体而言，税收政策对劳动力市场的影响是多维度的。直接的税收减免和间接的劳动力成本变化都可以通过不同的机制作用于劳动力供给和需求。通过进一步完善税收政策，尤其是通过减少企业的税费负担、优化劳动和资本的配置，我国可以更有效地实现经济增长与就业促进的双重目标。

1.2.3.2 税收种类角度

国内部分学者已经深入研究了企业税负水平变动对企业雇佣决策的影响。王春成[67]、孟耀[68]、何代欣[69]通过理论分析证明，减税降费政策有助于企业降低成本、提高效率，进而扩大生产投资规模，以达到稳定就业的目标。然而，这些研究大多忽略了企业自身特征及其所处经济发展阶段的影响。此外，部分学者未能充分分析税制改革对劳动关系的影响机制及其传导过程。尹音频和杨飞[70]通过因子分析法进行实证研究后指出，税收政策确实会对劳动力市场的动态均衡产生影响。如果税率过高，劳动力市场将偏离稳定均衡状态，进而影响就业数量和结构。彭鹏[71]、倪昊[72]将研究重点放在小微企业上，建议通过降低企业负担、加大减税降费力度，来解决中国就业难题。

鲁元平、杨芳和张静堃[73]进一步指出，税收就业效应存在区域差异。中西部地区的企业对税收政策变化较不敏感，主要受到营商环境和基础设施的制约。尽管西部地区出台了一些税收优惠政策以吸引外部企业进入，但当地企业创造就业岗位的能力较弱，企业通过压低工资来减少成本。此外，东部地区由于人力资本水平较高、劳动力需求旺盛，结构性失业问题更加突出。

其他国内学者从增值税和企业所得税的角度考察了减税降费对就业数量的影响。研究结果表明，增值税是我国最重要的税种之一，减税降费政策对促进经济增长具有积极作用。本书分析了增值税与就业数量之间的关系，探讨了减税降费在促进就业方面的作用和传导机制。研究发现，增值税可能产生一定的挤出效应，尤其是当税收转嫁到下游企业时，这对就业产生负面影响。杨晓妹[74]、林双林[75]指出，增值税的转嫁效应可能抑制企业创造更多就业机会。因此，降低增值税负担可以刺激消费需求，鼓励企业扩大再生产，从而提高就业率。杨抚生等[76]、聂辉华等[77]、陈烨等[78]建议通过扩大增值税覆盖范围或降低税率等方式，减少对就业的不利影响。

然而有学者认为，减税对企业劳动力需求的影响可能较为有限，甚至可能产生就业挤出效应。本书认为，现行的企业所得税法在调节收入分配方面存在一定缺陷，尚未充分考虑其对劳动力需求的间接影响。因此，深入研究如何通过企业所得税的变化影响劳动力需求，进而促进经济增长，具有重要的理论和现实意义。

通过理论分析与实证检验相结合的研究方法，本书探讨了减税政策对我国企业就业影响的机制，并提供了相关的政策参考。首先，本书综述了国内外关于企业所得税与就业关系的文献，并指出当前研究中的不足及改进方向。其次，介绍了企业所得税对劳动力供给与需求的作用机制。薛凤珍[79]基于2001—2009年工业行业上市公司数据的研究发现，企业所得税的减免在一定程度上缓解了就业压力。部分名义税率过高的公司退出了市场，未能享受更多优惠政策，导致了就业挤出效应。同时企业所得税的减免有助于提升企业的投资效率，减少失业人数。

此外，企业所得税对就业的直接作用机制较为复杂，且存在异质性。曹书军等[80]认为，只有那些执行标准税率的公司才能获得税收优惠和政府补贴，而小微企业的实际税率本身较低，因此这些企业并不热衷于享受政策优惠，也未能在就业吸纳方面发挥积极作用。申广军、陈斌开和杨汝岱[81]指出，增值税减免与融资约束较紧的企业的就业规模呈正相关关系，每下降1个百分点的增值税税率，企业的就业挤出效应减少0.6个百分点。

综上所述，本书通过梳理国内外关于企业税负与劳动力市场的研究文献，结合理论分析与实证检验，探讨了减税降费政策对企业就业的影响，指出了现行政策的不足并提出了完善建议。这一研究不仅为税收政策的优化提供了理论支持，也为未来经济政策的制定提供了有力参考。

1.2.3.3 企业类型角度

近年来国内外学者日益关注减税降费政策对不同行业类型企业就业量的影响。本书从理论与实证两个角度综合分析了减税降费对我国产业调整的效应，并运用动态面板模型探讨了减税降费与产业结构调整之间的关系。研究发现，减税降费政策正向推动产业结构优化和就业结构调整，有助于培育吸纳就业能力较强的产业，进而实现“稳就业”目标。因此，减税降费为产业结构转型提供了良好契机，能够提升我国经济的整体水平并实现高质量发展。

Dingeldey[82]、Ittner 等[83]针对不同行业类型企业就业状况进行了税收优惠的实证分析。研究表明，政府大规模降低产业税负能显著促进产业价值链的提升，从而增加总就业量。这表明通过降低企业所得税税率来提升企业利润是一个长期过程。此外，产业间的转移对产业结构的演进具有正向关系。

国内学者也对减税降费政策对就业的影响进行了深入研究，并分析了产业结构与就业结构之间的联系。然而由于宏观层面数据的缺乏，目前在宏观层次上研究减税降费与微观层次就业结构的关联性研究较少。马海涛和王斐然[84]使用LDI分解法探讨了产业结构、产业税负与就业局势之间的关系，发现当前就业结构无法适应产业结构调整的需求，第二产业对第一产业的就业吸纳能力较弱。尽管税收政策总体上促进了就业保障，但异质性的就业问题依然需要解决。

杜兴强和李文[85]分析了减税降费如何依靠劳动力质量、资本规模和技术进步来影响行业结构升级。张斌[86]认为从长远来看，流转税能显著调整产业结构，而短期内所得税对产业结构调整具有更强的影响力。尹音频和张莹[87]研究了税收结构对就业结构的影响，发现流转税和企业所得税有利于提高第一产业的就业规模，与第二、第三产业的就业规模呈负相关关系。解洪涛和张建顺[88]将行业分为劳动密集型和资本密集型来分析企业所得税减免的就业效应，发现只有居民服务、交通运输、制造等劳动密集型行业能够获得税收减免的红利。

综上所述，本书通过深入分析和实证研究，揭示了减税降费政策在不同行业中的具体作用，特别是在促进产业结构升级和就业结构优化方面的积极效应。针对不同行业和区域的特定需求，应制定更具有针对性的减税措施，以促进经济和就业的持续健康发展。

1.2.4 减税降费对就业质量的影响

近年来，国内外学者越来越关注“非正式就业”现象，特别是在税收政策、劳动力市场及企业行为的交互作用下，非正式就业的规模和质量成为研究的重点。国际劳工组织将未受税收监管的就业形式称为“非正式就业”，其中包括临时雇员、自由职业者和家庭经济劳动者等群体。这类劳动者因没有稳定的工作和收入来源，通常游离于政府监管之外，难以保障其雇佣关系、工作质量和基本权益。在发展中国家，由于劳动力市场分割严重、公共管理不足，非正式就业者面临失业或半失业的困境。非正式就业的产生受到多重因素的影响，税收政策是其中的重要因素之一。当税负过重且征管不力时，劳动者可能选择非正式就业以规避税负，从而增加实际收入；企业则因规模小、竞争激烈而难以承担高额税费，导致劳动报酬下降，进一步推动劳动者进入非正式就业领域。

非正式就业的扩展不仅受到税负影响，还与企业规模和行业特征密切相关。在劳动力市场分割严重和公共管理不足的情况下，劳动者更愿意在非正规部门就业。非正规部门通常是指未被政府正式登记、监管或纳入社会保障体系的经济活动领域，其特点是规模小、生产力较低、就业关系不稳定，并普遍存在税收规避行为。LaPorta等[89]提出，非正规部门通常与发展中国家的二元经济结构相关，这些生产力低下且有避税倾向的行业竞争力较弱，但仍因正规经济无法充分吸纳就业而长期存在。Ihrig和Moe[90]指出，税收政策对劳动力市场具有显著影响，过重的税费负担会促使劳动者和企业选择非正规部门就业，以降低成本或提高收入。Lora[91]通过研究15个拉美国家的数据，证实了减税有助于正规部门规模的扩大，减少非法雇佣行为。

在中国，非正式就业现象也相当普遍，尤其是经济发展不平衡和制度障碍导致部分劳动者无法进入正规部门工作，转而成为非正式就业者。王德文等[92]、王向东[93]指出，正规部门设立较高的就业门槛，导致部分劳动力流向非正规部门。尽管这些门槛提高了劳动者的素质和保障，但也增加了企业用工成本，限制了就业市场的流动性。

通过构建PVAR模型，王智炬[94]确认了减税能够降低非正规部门的数量，提升就业质量。尽管当前的减税措施集中于行政事务性收费和罚没收费，但这些政策更多是增加了非正规部门的就业人数，未能显著改善其就业质量。

何立新等[95]指出，通过对比分析大陆法系国家、地中海国家和北欧国家的社保制度，发现降低社保费率不仅能有效减轻企业用工成本压力，还能促进正规部门就业岗位的增加。特别是在社保负担较重的国家，适度降低费率对促进劳动力从非正规部门向正规部门转移具有更明显的效果。此外，一些基于人力资本的研究表明，企业的人力资本水平、教育培训与减税政策之间存在复杂的互动关系，通过提升人力资本水平、减轻企业税负，可以提高企业的生产效率，进而促进正式就业的增长。

总的来说，税收政策在促进就业市场效率提升方面发挥着重要作用。特别是在当前中国经济环境中，减税降费不仅可以缓解企业的税负，还能通过推动劳动力市场流动性、提高劳动者素质，改善就业结构和质量。然而税收政策的实施需要充分考虑不同行业和地区的特殊性，尤其在劳动力市场分割严重的情况下，如何平衡正式和非正式就业之间的关系，仍需进一步探讨和优化。未来的政策应在鼓励企业创新、优化劳动力配置的同时逐步减少非正式就业的比例，确保劳动者的权益得到有效保障。

1.2.5 文献评述

近年来，国内外学者越来越关注减税降费政策对不同行业和企业就业数量的影响。发达国家在劳动经济学的研究方面占据先行优势，已经形成了一套较为成熟的理论分析体系，并通过大量数据进行实证分析，特别是在企业税费与就业关系等问题上，积累了丰富的经验。

我国早期的相关文献主要集中在政府支出和税收优惠政策对特殊群体就业效应的分析。随着改革开放的深入，我国逐渐建立起适应社会主义市场经济的现代税收管理体制，并在这个过程中取得了显著成效。

随着供给侧结构性改革的提出，企业转型升级、产业结构调整等问题日益突出，如何通过减税降费来增加劳动收入和促进就业，成为社会广泛关注的话题。减税降费政策与“稳就业”问题的紧密关联性，促使学者们展开广泛研究。然而，通过梳理国内外相关文献可以发现，当前有关涉企税费对就业影响的机理尚存较大争议。主流观点认为，减轻企业税负可以促进就业数量的增长[97-99]；同时也有多数学者通过实证检验验证了减税降费政策有助于经济增长和提高民生水平[100-102]。然而，许多文献忽视了不同税种和行业之间的差异性问题，以及政府支出规模与税收之间的长期稳定关系，减税降费政策效应在不同时期和不同地区也存在明显差异。

大多数研究倾向于强调短期效果，认为通过为企业减轻税费负担可以迅速创造更多的就业机会，但对长期影响的考虑相对较少。实证研究结果显示，虽然减税降费政策在短期内确实促进了部分行业的就业增长，但并未显著改善企业的整体就业结构或带动全面的就业增长。特别是在当前自动化、人工智能等新技术快速发展的背景下，劳动密集型企业面临着被机器取代的风险。为提升我国经济发展水平，需要加大对制造业的支持力度，并针对不同产业中的结构性失业问题采取相应措施。

尽管劳动力素质的提升有助于缓解产业落后带来的问题，但如果不能满足科技和产业升级的需求，减税降费政策可能只会在短期内惠及部分行业，对整体就业产生的积极影响有限，甚至可能在某些行业中具有抑制作用。近几年，许多学者都在研究减税降费政策对产业结构和就业数量的影响，并初步揭示了减税降费与产业就业数量之间的关联机制[103-105]。然而将这三者置于统一框架下进行综合考察的研究仍较为罕见。此外，国内对减税降费与就业质量之间关系的研究也存在一些不足：一是缺乏定量分析；二是对非税收费用对就业质量影响的研究较少；三是对减税降费与收入分配关系的探讨较为缺乏。

多数文献从宏观角度探讨减税降费与经济增长之间的关系[106]，较少深入探讨税收优惠政策对就业结构和劳动力转移的长期影响。现有研究的样本数据尚未能全面展现减税降费对就业的综合效应。随着"十三五"规划的实施，我国政府推行了力度空前的结构性减税政策。现有研究多聚焦于单一税种或简单测算税收负担变化，未能系统反映税费整体下降对就业的实际效应。

学术界对减税降费政策的就业效应尚未形成一致结论，原因在于就业不仅受到市场等经济因素的影响，还受到研究者选择的对象、方法及外部环境等多方面因素的影响。因此，进一步从更广泛的视角研究减税降费对就业的效果显得尤为必要。目前已有大量文献对减税降费政策的就业效应进行研究，但大多数研究缺乏系统性，多局限于特定行业或区域，缺少针对具体产业或地区展开的深入定量分析。

本书尝试从理论和实证两个角度深入探讨减税降费政策对就业的影响及其传导机制。在理论分析部分，学者们主要关注税收制度和政策对就业市场的影响及其促进作用。在实证部分，研究多集中在企业所得税和个人所得税优惠政策，通过回归模型得出结论：虽然各种税收优惠政策能够促进就业，但并不能显著推动就业增长。这表明，当前的税收促进就业政策在时效性和可持续性方面还存在不足。此外，我国现行的税收体系仍存在结构不合理、征管手段落后等问题，制约了税收政策在促进就业中的作用。本书通过构建面板数据模型，探讨减税降费政策对就业的具体影响及其传导机制，并提出针对性的政策建议，以推动中国经济在高质量发展的道路上平稳前行。

综上所述，国内外关于减税降费政策对就业效应的研究已取得显著进展，然而这些研究以理论分析为主，实证研究相对较少，特别是缺乏系统性和全面性。在当前我国工业化进程加快、产业结构调整深化的背景下，需要从整体发展的角度，深入分析减税降费政策对就业市场的影响。本书通过对国内外文献的综合梳理，结合宏观和微观的视角，探讨了减税降费政策对不同地区和行业的就业影响。本书的研究为完善我国减税降费政策，促进就业市场的良性发展提供了有益的建议。

1.3 基本思路与研究方法

1.3.1 基本思路

首先，本书梳理了与就业相关的概念，并深入分析了影响就业的多种因素。随后，回顾并评述了相关的理论和实证研究，为建立相应的分析模型奠定了坚实的基础。在参考国内外现有研究成果的基础上，构建了包含财政政策的多变量模型，以反映各部门的劳动供给水平并揭示各部门的就业状况。根据我国当前的经济形势和宏观经济环境，综合国内外学者关于就业与税收政策关系的研究文献，提出了财政政策视角下的就业效应研究框架，并系统地阐述了减税降费政策对劳动力供需及最终对就业数量与质量产生影响的机制。

其次，本书通过建立计量经济模型，实证分析了不同时期的最优税率及相应的最优规模问题，并从总体和结构两个视角进行深入考察，探讨减税降费政策在就业方面的经验效应。此外，重点分析了减税降费对非正式就业劳动力供需的作用机理，并将其应用于验证减轻失业压力的可行性。本书主要采用理论模型与计量方法相结合、定性分析与定量分析相结合的方式，从宏观和微观两个角度探究减税降费政策对就业的作用机制。

最后，以我国现行的减税降费政策为背景，提出了进一步推动充分就业和优质就业的减税降费政策优化路径，并探讨了未来我国实施减税降费的定位与策略。研究路线如图1-1所示。

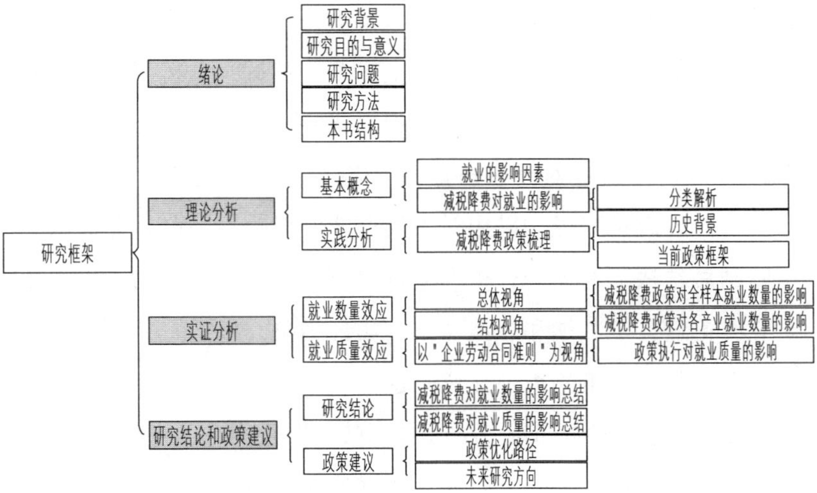

图1-1 研究路线

1.3.2 研究方法

本书采用的研究方法包括：文献分析法、理实结合法、对比分析法和归纳总结法。

文献分析法：减税降费政策自2018年首次提出以来，相关研究文献主要集中在税收政策改革和优惠政策等方面。本书综合审视了减税降费政策及历年优惠政策，全面利用了相关文献资源，并深入探讨了该政策对就业的影响和可行性，为整体框架奠定了理论基础。

理实结合法：从宏观经济环境入手，分析了减税降费政策对我国产业结构变化的影响，着重研究了经济结构转型和产业结构优化升级。本书运用企业层面的数据，通过计量经济模型和面板数据分析，考察了税收优惠措施对各行业就业效应的影响，进而探讨了该政策对不同产业结构的具体作用。此外，本书通过剖析就业基本因素、价格弹性及税负转嫁理论，进一步深入分析了就业数量与质量之间的关系。实证研究结果显示，减税降费政策在不同行业中存在差异，需要结合具体的产业性质来制定相应的政策。

对比分析法： 本书收集了大量上市公司数据，分析了各产业的税费负担与就业数量之间的关系，并根据研究提出了具有针对性的减税降费政策建议。通过对比各产业在减税政策下的表现，提出了多层次、分行业的政策路径，以应对不同产业的税收压力和就业需求。

归纳总结法： 在理论分析和实证研究的基础上，本书对现有文献的研究结论进行了归纳和总结，结合实证结果，提出了关于促进就业和优化减税降费政策的相关建议。这些政策建议结合了现有减税降费政策在促进就业方面的实际效果，具有针对性。

通过综合运用以上研究方法，本书确保了理论基础的扎实性、实证分析的科学性和政策建议的针对性，为我国未来的减税降费政策优化提供了系统的理论支持和实践参考。

1.3.3 可能的创新与不足

1.3.3.1 创新之处

本书强调在衡量就业质量时，不仅需要考虑就业数量对其的影响，还应从我国目前的经济发展水平和劳动力供给情况出发，关注劳动力市场中仍存在的诸多不协调现象。单靠数量指标不足以全面反映就业质量，特别是在一些国家和地区，工作条件、劳动者的合法权益保护等方面都存在问题。通过梳理国内外关于就业质量及相关政策的文献，可以发现国内在促进就业方面取得的成果还不够充分，且有许多需要完善的地方。因此，进一步优化和完善税收政策，成为促进劳动力市场健康发展的关键手段。现有研究多聚焦于就业数量的变化，缺少对就业质量、劳动权益保护及税收政策对这些方面的影响的深入探讨。在经济学上，减税降费政策被认为是促进经济增长的有效手段，不仅能够推动消费，还可以通过提高企业生产效率来优化就业质量。因此，在研究减税降费对就业的影响时，不能只关注数量层面的变化，也必须将就业质量纳入研究范围。

本书探讨了减税降费政策对劳动关系的影响机制。通过构建模型、进行描述性统计分析和使用面板数据分析等方法，详细考察了减税降费政策对企业劳动力需求、供给及市场均衡的具体影响。本书在现有研究的基础上，提出了优化税制结构、促进经济发展的政策建议。本书的一个重要创新在于，从企业微观行为视角出发，构建一个系统分析框架，全面地分析了减税降费政策如何通过企业行为直接或间接地影响就业状况，尤其是劳动力的需求和供给变化。此外，还研究了减税降费对我国产业结构优化升级的影响，并通过实证研究分析了工业等关键行业的实际情况。基于这些理论分析，本书提出了相应的政策建议，着重于如何通过税收改革促进企业活力，从而进一步促进高质量充分就业。

本书从多个角度出发，构建了一个综合的指标体系，用以更精确地分析减税降费政策对就业的影响。通过总结其他学者的研究成果，并结合本书的研究发现，进一步明确未来的研究方向和发展趋势。本书还特别提到，尽管国外关于税收政策与就业结构的研究颇为丰富，但大多数文献仅局限于单一税种的分析，缺少系统全面的综合研究。本书在借鉴国外经验的基础上，结合我国国情，提出了进一步完善税收优惠政策的建议。通过构建简单双目标优化函数，测量税费水平对就业参与率的共同作用，并采用双向固定效应模型，在考虑随机波动的情况下，提出创新性的政策建议。

本书通过最小二乘法回归分析，得出了最佳的税费水平及相关政策。第一，在固定效应模型下，对税费水平和就业参与率进行初步的实证研究；第二，使用双向固定效应模型进一步验证了与实际经济情况相符的结果。这些实证研究为本书的理论分析提供了坚实的依据，也为未来在税收政策与就业关系领域的研究提供了新的方向和方法。

1.3.3.2 不足之处

在研究减税降费政策对就业的影响时，微观数据的不完整性成为制约因素之一。中小微企业在我国民营企业中占据了90%以上的比例，虽然它们在稳定就业方面承担着重要的责任，但受限于劳动力成本上升、企业经营规模较小等因素，减税降费政策无法直接改变其就业状况，因此研究中应更多地关注其“稳就业”的作用。此外，雇佣数量对宏观税负变化有显著影响，而在实际操作中，获取小微企业的数据较为困难。本研究主要使用中小板上市公司的年报数据，这种数据获取方式无法覆盖大量小微企业，代表性有限，研究结果存在局限性。

关于非正式就业的研究存在以下问题：一是非正式就业的规模计量存在偏差；二是我国的非正式就业人口比例较低；三是非正式就业人口比重与经济发展水平之间不呈现简单的线性关系。社保参保情况与非正式就业者收入直接相关，完善社会保障制度可以减少非正式就业者的数量。然而现阶段的抽样调查在样本选取和问卷设计上存在问题，导致统计结果出现偏差。由于社保费率与农民工收入显著相关，过高的社保费率加重了企业负担，进而导致非正式就业的吸引力降低。因此在分析非正式就业规模时，必须考虑企业社保费率和参保资格等因素，以准确判断非正式就业的实际规模。同时社保制度的漏洞仍然导致部分职工的合法权益得不到有效保障。随着社会保险基金征缴工作的逐步完善，研究如何有效管理非正式就业者成为重要任务。

从时间维度上来看，数据的时效性是研究中的一个挑战。由于最新指标数据更新至2021年，没有包含2022年的数据，因此本书的分析可能存在一定的滞后性。数据资源的限制使得时效性略显不足，这也是本研究需要进一步解决的问题之一。

在研究结论和政策建议方面，本书提出了减税降费政策对促进就业的积极作用。然而在分析其他宏观经济政策对就业的影响时，缺乏系统性思考，因此提出的观点在严谨性上仍需进一步改进，以便更全面地评估减税降费政策对就业的影响。未来的研究需要关注减税降费政策与就业质量的关系，特别是需要探讨两者之间是否存在替代效应的问题。政府通过减税降费为企业和居民提供更多的就业机会，虽然有助于缓解经济下行压力，但也可能带来一些潜在的负面影响，值得深入研究和探讨。

第2章

相关概念界定及就业的影响因素分析

2.1 税收与就业理论

自20世纪以来，学术界一直在探讨与就业有关的问题。早期的研究，主要集中于市场供需状况与就业的关系，并没有形成共识。从税收角度对就业理论进行的研究起步较晚，主要出发点还是需求和供给的角度。直到上世纪末，我国才开始重视并逐步开展税收与就业关系的研究。随着经济飞速发展、产业结构不断优化升级以及就业的相应变化，我国政府需要采取一系列的政策来调节劳动力供求关系，因此，如何通过合理、有效的税收手段调节劳动力供求关系成为学者们重点关注的课题。税收政策在促进就业方面发挥着越来越显著的作用。本章首先阐述了税收和就业的相关概念及二者的相互关系，其次提出了当前我国税收政策存在的问题及其原因，最后提出了促进就业环节的建议。

2.2 凯恩斯就业理论

在1820年出版的《政治经济学原理》中，马尔萨斯提出了一个观点：社会有效需求的不足可能导致资本主义经济的不稳定，甚至引发经济危机。他认为当市场商品供过于求时，经济危机便会随之而来[107]。1929年，资本主义世界爆发空前严重的经济危机。在这一背景下，许多经济学家开始反思当时的经济运行模式和人们的生活方式，着重研究如何解决失业问题，并探讨与失业成因相关的诸多影响因素。

当时的主流观点认为，由于社会有效需求不足，失业现象不可避免，因此经济学家们开始探索如何增加有效需求以解决失业问题。凯恩斯在1936年提出了“有效需求不足”理论，认为社会的就业量是由有效需求的水平决定的[108]。凯恩斯指出，当有效需求不足时，会导致商品滞销、库存过剩、企业缩减生产规模、投资下降，最终引发大规模失业。凯恩斯认为有效需求不足是导致经济危机的主要原因，要实现充分就业，首要任务便是提升社会的有效需求。凯恩斯的理论为解释经济危机的根源提供了新的视角。

在凯恩斯的就业理论中，社会的有效需求是指在特定时间内社会的总供给曲线与总需求曲线相交时所对应的需求量。换言之，当市场达到均衡状态时，该交点便是就业的平衡点，该交点反映了该时刻的总就业量或就业人数。因此要解决经济危机问题，必须首先对总需求进行分析，以此判断未来的就业趋势。影响就业状况的主要因素包括总需求的三个组成部分：消费、净出口和国内投资。其中，国内投资可以进一步细分为资本形成总额与劳动投入总量。

社会有效需求就业量如图2-1所示。D代表总需求曲线，S代表总供给曲线，两者交点所对应的就业量M就是社会有效需求达到平衡状态时的就业量。也就是说，只有在有效需求达到这一平衡点时，才能实现充分就业。基于此，研究总需求的变化及其对就业的影响，便成为理解以及应对经济危机的关键。

凯恩斯的理论为应对失业和经济危机提供了理论依据，表明提高有效需求是解决失业问题的核心策略。制定相应的政策以刺激消费、鼓励投资和推动出口，便成为实现充分就业和促进经济发展的重要手段。在理想状态下，供需平衡，且消费者倾向于以货币形式保存财产。然而在实践中，消费者的动机多样且复杂，这种柔性的偏好心理使得有效需求量难以达到理论上的社会效益水平。除此之外，生产技术的限制以及资源环境的制约也使得有效需求无法充分发展。传统经

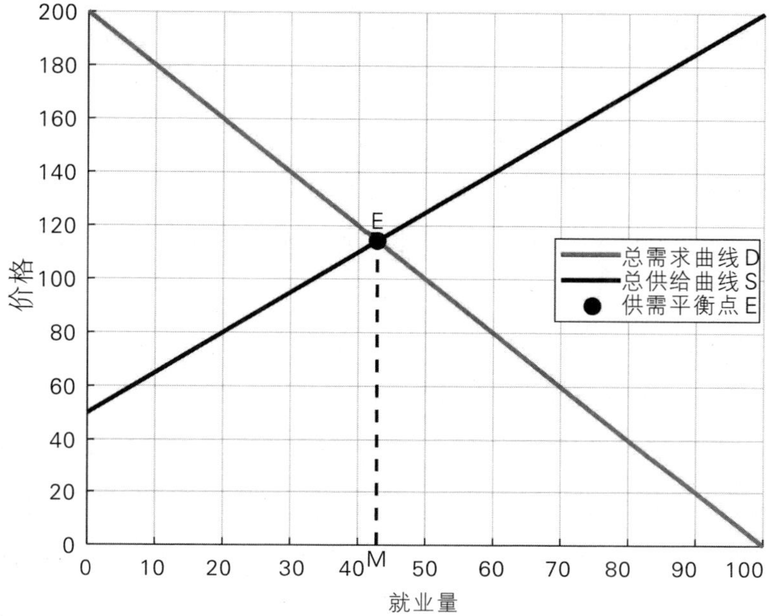

图 2-1　社会有效需求就业量

济学通常将有效需求不足归因于生产效率低下、技术进步缓慢以及资本形成能力有限等因素。凯恩斯则提出了通过政府干预来刺激有效需求的建议，并提出了一系列解决失业问题的政策措施，包括扩大劳动机会、改革税收制度以及加强税收征管等。

凯恩斯主张通过提高利率、降低税率来刺激消费需求，鼓励个人储蓄用以弥补财政赤字，从而实现充分就业目标。他认为政府应利用各种财政杠杆来刺激居民消费，尤其是在所得税和资本利得税方面。他强调，税收对经济发展具有积极作用，但其效果往往受到多种因素的制约，因此税收作为调控经济的重要工具既能产生促进作用，也可能带来负面影响。

税收具有以下几种关键作用。首先，税收可以通过对高收入人群征收更多的税款、对低收入人群减税以及政府的转移支付等手段实现财富再分配，缩小贫富差距，从而拓展社会整体需求。其次，税收是优化资源配置的重要手段之一。通过调控财富流动方向，税收政策能够推动经济增长、提升全社会生产要素的投入效率。再次，在宏观经济政策体系中，税收政策扮演着不可或缺的角色，具有“相机调控”和“自动稳定器”的功效，可以用来促使经济社会的平稳运行。最后，通过调整收入分配，税收还能间接地影响劳动力供给，提高就业率。

尽管如此，凯恩斯也认识到他的就业理论存在局限性[109]。首先，消费者的需求在市场环境下会形成相对稳定的模式，短期内税收政策对就业的影响可能有限。其次，政府对经济的干预可能引发非稳定状态，使得税收政策的作用难以完全显现。最后，税收在调节收入分配的同时也可能会增加企业的负担，并抑制消费需求。因此尽管激发有效需求的措施可能产生一定效果，但其间接性削弱了税收政策在调控经济增长和资源配置方面的作用。

在拉动经济增长、扩大就业规模和优化资源配置的过程中，需要将税收政策与其他宏观经济政策相结合，并根据不同经济发展阶段制定相应的财政政策。凯恩斯的就业理论为理解就业问题提供了新视角，并为各国的税收政策提供了思路。然而该理论在实际应用中仍存在局限性。其核心问题在于，仅考虑需求端而忽略了供给端的因素，可能导致对市场变化的多重随机因素估计不足。因此，在将凯恩斯的就业理论扩展到实际政策制定时，必须谨慎处理，需要综合考虑多方面的因素。

2.3 供给学派就业理论

以阿瑟·拉弗和裘德·万尼斯基等人为代表的供给学派强调，在市场经济条件下供给端对就业市场具有决定性影响。拉弗曲线（如图2-2所示）是阿瑟·拉弗的独创之作，用来表达税收收入和税率之间的函数关系。

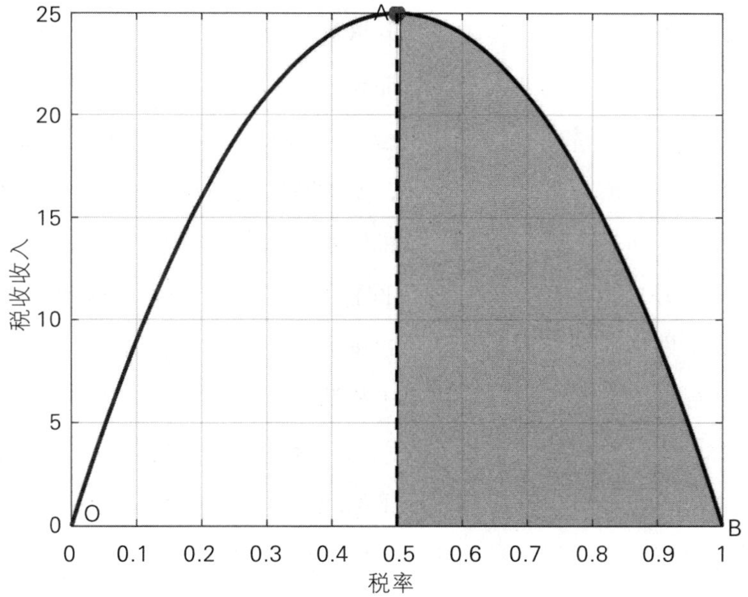

图2-2 拉弗曲线

税收作为国家实施宏观调控的重要手段之一，旨在促进经济的稳定和协调发展。税收与经济增长之间存在着内在关联机制，而税收政策的滞后性也影响着经济形势的变化。为此，本书将从理论和实践两方面深入探讨我国税收政策对经济增长机制的影响。

具体来看，拉弗曲线在O点处显示，当税率为0时，税收收入也为0。在OA阶段，随着税率的上升，税收收入也随之增加，在O点附近时增长速度较快，在A点附近时增长速度较慢，直至A点达到最大税收收入，这个点被称为“最优税率”（T）。然而超过A点后，税率继续增加反而会导致税收收入下降，这就是AB阶段的特点：税收收入的下降速度在A点附近较慢，但在B点附近开始加速。超过最优税率的高额税负将压制经济增长，减少企业盈利，甚至引发财政赤字。

供给学派认为，社会总供给不足是无法实现充分就业的主要原因，因此他们主张通过税收政策刺激就业增长。在需求端，消费和投资是推动经济增长的两大动力，而税收在刺激消费和扩大投资方面具有其他手段无法替代的作用。供给学派主张通过减税提高全要素生产率，减少企业所得税以促进就业，反对政府对市场的过度干预。供给学派的观点包括：减少个人所得税以增加储蓄，降低企业税负以减少企业成本并提高效率，降低税负间接实现就业扩张和财政收入增长，将减少中性化作用作为制定财政政策的参考。

最优税率必须与经济发展水平相适应。减税政策应在降低整体税负的前提下，达到最大化税收收入的目标。这一点是供给学派理论的核心思想，也是里根政府减税政策的理论基础。但是，在实施减税政策时，应充分考虑工业化加速期中的矛盾，如失业问题等。减税政策在实际执行过程中，常常会偏离预期目标。

2.4 就业的相关概念

达到法定年龄、愿意并能够参加劳动，为社会创造财富并获得收入的行为被称作就业。就业不仅直接影响个人生活，也对国民经济产生重大影响。解决就业问题已成为各级政府必须面对的一项重大任务。在新时期如何促进充分就业，这不仅关乎广大劳动者的利益，还影响着国民经济的健康持续发展。评估当前的就业形势时不能只考虑数量而忽略质量，在实现充分就业、扩大正式就业方面需要提高数量与质量水平。

2.4.1 就业数量与就业质量基本概念

就业数量是指从事某项生产活动的劳动人员的人数，也称为就业人口。这一数字受经济发展水平影响，当劳动力增加到一定程度时，会出现失业现象。当前我国面临着“供给过剩”的问题，随着改革不断深入和经济高速增长阶段的到来，就业压力不断增加成为突出问题之一。要增加就业数量，必须减少失业率。在目前我国劳动力市场中，失业问题主要集中在劳动力供给不足上。因此，有必要对相关指标进行考查并建立相应的统计指标体系。本书将从四个方面论述我国未来就业结构发展趋势：经济增长、产业结构升级、教育水平提高和人力资本投资。同时，本书还将评析收入、社会保障和职业发展等因素对工作环境条件、工作开展情况及稳定性的影响，以此来评估就业质量。就业质量包括就业稳定性、劳动效率性和充分就业性三个方面，而这又取决于就业能力、机会及市场需求等因素。

不同区域之间由于产业结构和人力资本积累速度的差异，导致了我国各地就业质量表现出较大差异。特别是在农村剩余劳动力向城市转移过程中，其难以融入城市，从而形成了当前城镇失业率较高的现象。全面提高农村劳动力素质对缓解城镇失业问题具有重要意义，并且对整个国民经济持续健康的快速发展起着至关重要的作用。本书将探讨影响劳动力就业质量的多种因素，并提出相关政策建议。

2.4.2 非正规部门与非正式就业基本概念

从发展中国家的角度来看，正规部门和非正规部门通常是共存的。在劳动力市场上，也呈现出正式就业和非正式就业并存的就业结构。目前世界上许多国家都已形成了不同形式的非正规部门。它们不仅为本国创造了大量就业机会，而且还为国际贸易提供服务。改革开放以来，随着市场经济体制改革进程加速和政府政策导向变化，大量农村富余劳动力涌入城市从事各种非农工作，并由此产生了许多新型非正规部门。实际上这些非正规部门创造的非正式就业岗位所扮演的角色十分重要，特别是中小企业和乡镇企业，更是具有举足轻重的地位。与正规部门不同，非正规部门一般不核发营业执照、不予注册登记，一般均属于非法人单位。在缺乏税务机关监管的情况下，它们偷逃税费的现象屡见不鲜。此外，非正规部门一般规模小、体制松散、工资福利偏低。

“非正式就业”是指收入报酬与保险福利并存的就业方式，其劳动关系和职业发展完全不同于以现代企业制度为基础的主流就业方式。“非正式就业者”是指那些没有固定工资来源且未能满足正式单位所需条件的人员（如自由职业者、临时工等）。由于社会地位低、受教育程度不高以及缺乏稳定经济来源等原因，非正规部门职工很难找到工作，且具有较强流动性和明显的地域特征。当他们进入劳动力市场时，一些用人单位会拒绝或歧视他们，因此非正规部门的劳动者流动率较高。为了节约成本，非正规部门通常不提供良好的就业环境，其员工大多是非正式就业人员。非正式职业是指那些没有固定雇佣关系、不受传统雇佣制度约束的职业形式。这些职业通常不享有正式员工所拥有的福利待遇和保障，但享有较大的灵活性和自由度。这些职业主要包括建筑和其他劳动密集型行业等，与正式职业有所不同。由于缺乏高级技能和正规的教育或培训，非正式就业者通常被认为是低层次的劳动力而不是真正意义上的产业工人。由于受教育水平低、缺乏专门培训以及社会地位低等原因，非正式就业者往往处于相对较差的劳动状态中，并经常遭受歧视和排斥。

2.5 影响就业的因素

2.5.1 人口数量和结构

人口总量、人口增长率、经济活动人口比例以及其他因素都对社会劳动供给总量产生着显著影响。这些变量与总产出之间存在长期均衡关系，但同时也受产业结构、就业结构等变量的显著影响。在我国工业化进程不断推进的背景下，劳动力市场供求失衡问题愈加突出，导致劳动力价格持续上涨，部分人群的收入水平下降，并引发了一系列社会问题。人口结构的变化也会直接影响劳动需求的变化。

从劳动力市场的角度来看，人口类型比例和劳动者数量之间存在明显的关联。通常来说，经济活动人口比例和劳动供给总量呈现正相关关系。作为劳动力市场的中坚力量，24至45岁之间的经济活动人口这一群体在社会经济发展中扮演着至关重要的角色。快速的人口增长虽然可能对经济产生推动作用，但也可能在某种程度上导致经济增长放缓。因此在讨论人口增长对就业的影响时，应将其作为一个重要的因素来加以分析。

Malthus[110]的适度人口论认为，如果人口增长率超过生产资料增长率，可能会导致劳动力资源的过剩，从而引发劳动力供给与经济规模不匹配的问题；随着经济不断发展，劳动力市场将发生结构性变化，可以创造大量新岗位，促进经济的稳定增长。Blundell 和 Bond[111]认为，性别、年龄和家庭结构等差异也对劳动力供给产生着重要影响。

近年来随着人口出生率的下降，在满足社会需求的过程中，如何有效利用有限的人力资源成为一个重大课题。为了更好地应对这一挑战，有必要对人口数量和人口质量进行有效的管控。从这个意义上看，研究人口变动与经济发展之间的关系显得尤为必要。

2.5.2 产品和要素价格

2.5.2.1 产品价格

从劳动供给的角度来看，假设劳动者的效用函数为$U(C, L)$，其中C代表消费，L代表工作时长（劳动供给），并假设效用函数对消费和工作时长具有正效用。无差异曲线的斜率为正，表明在效用保持不变的前提下，为了增加消费，个人必须增加工作时长。

当产品价格下降时，劳动者的实际收入增加，闲暇的机会成本相对提高。此时，预算约束线从原始状态BC_0变动至新的状态BC_1，此时的效应可以用劳动供给的变化来解释。产品价格下降相当于收入增加，在收入效应的作用下，劳动者可能会减少劳动供给，从而享受更多闲暇时间。

从劳动需求的角度来看，假设企业的生产函数为：

$$Q = f(L, K)$$

其中：Q为产出，L为劳动力，K为资本。设商品价格为P，w和r分别代表劳动力和资本的价格。企业的利润可以表示为：

$$\Pi = P \cdot f(L, K) - wL - rK$$

企业的利润最大化条件为：

$$\frac{\partial \Pi}{\partial L} = P \cdot \frac{\partial f(L, K)}{\partial L} - w = 0$$

即：

$$P \cdot MPL = w$$

其中：MPL表示边际劳动生产率。这表明企业会在边际劳动生产率乘以产品价格等于工资率时，达到利润最大化。短期来看，劳动力价格下降（即w下降）会通过价格机制导致生产规模的缩减，减少对劳动的需求。但在企业追求利润最大化的过程中，满足条件：

$$P \cdot MPL = w$$

当产品价格下降时，企业的劳动需求量会受到工资价格变化的影响。如果劳动力成本下降，企业可能会增加对劳动力的需求，以调整生产规模。

劳动供给方面：产品价格下降相当于实际收入的增加，会产生收入效应，导致劳动供给减少。

劳动需求方面：在短期内，劳动力价格下降可能会减少企业对劳动的需求；然而随着工资率的调整，企业可能会重新平衡其劳动力需求，以实现利润最大化。

一方面，劳动力价格的变化会对劳动力供给产生影响。随着经济的发展，劳动力市场将发生改变，因此劳动力价格的变化将引起供求关系的改变。另一方面，消费和生产这两个渠道也可以通过影响需求来影响劳动力价格。由于我国存在严重的城乡二元结构问题，农村剩余劳动力转移到城市是必然现象。当劳动力价格上涨时，消费者为了获得更高收入水平选择提高消费，并且工资增长规律决定了工资增长率与使用资本之间的关系，在提高个人收入、消费和时间选择等方面都会出现变化。同时在工资上涨时，企业生产规模扩大并带来更多净产出。可支配收入提高使预算约束线左移，在收入效应方面降低了劳动供给。然而需要注意的是，工资增长率和劳动供给量呈负相关性：随着工资水平提高，对新产品的偏好下降从而抑制了新产品的生产，进而导致投入减少，最终减少了总体的劳动供给量。此外劳动力价格的变化也会影响对劳动力的需求。在劳动力市场中，工资决定了均衡价格，并随着工资水平下降而减少。同时资本存量也会随着劳动力价格的变化而发生改变。

2.5.2.2 产业升级

国外学者通常从产业价值链的角度来讨论产业升级——从低级生产技术和低附加值向高级生产技术水平和高附加值转变。目前，我国对工业产品的需求呈多元化趋势，并对劳动力素质提出了更高要求。因此在当前及未来一段时间内，加快调整产业结构、改变增长方式成为国民经济工作的主线。在技术进步和制度创新等因素的推动下，通过优化产业结构、改善劳动力结构等途径实现的产业升级对就业人口具有重要意义。本书以制造业为例考察了这种效应，并在理论分析部分介绍了相关概念及其演变历程，并评述了国内外相关文献。在中国供给侧结构性改革的大环境下，“产业升级”既包含延伸和提升价值链又涉及调整各个行业之间关系的含义，因此在该部分中本书着重分析了两个层面上影响就业的机理：一是技术水平的提高导致产业价值链升级，从而促进了就业；二是低端部门和高端部门的结构性调整与升级促进了就业。产业价值链升级意味着技术进步，它通过挤出和创造两种效应来影响劳动力需求。历史发展表明，技术进步是推动经济持续快速增长的重要因素。由于技术变化存在滞后性和非线性等特点，技术创新对劳动需求的影响具有显著的阶段性特征。理论上，技术革新会提高生产率，但这种影响在不同阶段是不同的。在新古典经济学中，这种现象被称为“挤出效应”。从挤出效应来看，技术升级意味着单位产品不再需要过多劳动力，导致劳动需求下降。从创造效应来看，生产能力提高使得企业生产成本下降，并促使产品价格下跌以刺激消费，从而增加生产规模，最终提高劳动需求量。这种作用效果在不同时期也有所区别。当在经济上升期，表现为劳动生产率上升、工资提高等；而在经济危机时，可能表现为通货膨胀和失业率上升，但这种影响通常是短暂的。从长期来看，技术创新有助于产业结构的优化升级，从而推动经济增长并创造更多就业机会。

技术进步会对就业产生短期和长期的双重影响。在短期内，技术进步可能会导致某些岗位的消失，从而加剧失业问题，特别是在低端产业中。这一效应是由于技术进步提升了劳动生产率，减少了对劳动力的需求。从长期来看，随着产业结构升级和技术进步，劳动力将从低端产业转移到高端产业，整体就业水平和就业质量都有可能得到提升。通过技术创新，企业可以扩大生产规模，从而增加对高技能劳动力的需求，这也将创造更多高端就业岗位。产业结构升级意味着各行业劳动力分布的变化，即产生就业结构效应。实证研究表明，产业结构升级会引发不同部门内的就业结构变化，产生相应的就业结构效应。根据经济增长理论，产业结构升级与就业弹性呈正相关关系。低端产业的岗位逐渐消失，而高端产业需要更多劳动力，从而形成就业需求的转移。

改革开放以来，我国产业结构不断优化和升级，这一变化成为影响就业水平的重要因素之一。产业结构升级是一个动态演进的过程。通过非正规部门与正规部门的互动，可以促使非正规部门在公共服务、社会服务等方面弥补正规部门的不足，从而进一步提升就业质量。通过技术进步推动产业升级，能够促进经济发展，并通过拉动就业、提高就业质量等方式，有效改善劳动力市场状况。在这一过程中，技术创新不仅能够推动高端产业的发展，还能促使传统低端产业升级转型，从而增加就业机会并提高劳动力资源的利用效率。

2.5.2.3 人力资本投资

人力资本投资对改善劳动供给质量具有重要作用。传统的人力资本投资是指劳动者对高等教育进行的投资，其决定因素取决于目前受教育的代价与将来预期收益之间的联系。如果接受教育所能得到的回报大于教育成本，则劳动者选择延迟就业并接受教育；否则，他们会反其道而行之。人力资本投资具有非竞争性、可替代性和增值性等特点。随着市场经济体制改革的不断深入，社会对人才素质的要求不断提升。高校作为培养人才的主要场所，应该承担起培养高素质人才的责任。在我国经济进入新常态后，出现了供需脱节、产业结构升级缓慢、人才流失等问题。这些使得企业对员工提出更高要求，而员工不能及时适应变化，则“招工难”和“留人难”的局面就会出现。企业应根据自身需求加强人力资本投资，在职业培训中培养与企业发展相适应的复合型人才，以缓解就业结构矛盾、提高就业数量和质量。

2.5.2.4 国家干预

劳动力市场具有周期性特点，经常出现结构性失业。随着经济进入中高速增长阶段，产业和就业结构不断调整升级。尽管我国采取了加快产业结构调整等措施，但在经济下行压力增大的情况下，就业形势仍然非常严峻。如何实现稳定就业，如何在新常态下做好稳定就业工作，应采取哪些措施来促进就业增长等，这些是当前的主要问题。为实现“保增长、促改革、调结构”三大任务的有机结合，必须千方百计增加有效供给。由于就业关系到绝大多数人的切身利益，在当前新常态下，尤其是农村剩余劳动力转移难度加大和城镇新增就业人口中农民工比重上升等带来许多挑战，各级政府必须突出促进就业并采取强有力措施解决此民生问题。

在世界经济衰退风险加剧的情况下，我国面临更为突出的就业问题。劳动力供给过剩和巨大的就业压力已成为制约国民经济增长与影响社会和谐最重要的因素之一。失业人员过多可能导致各种矛盾，甚至引发严重政治动荡，等待自动恢复充分就业需要很长时间，不利于社会稳定与发展。我国处于工业化中期阶段，在此阶段，由于产业结构调整升级、技术进步以及城镇化建设等推动，我国制造业快速成长起来。然而随着中国人口红利逐渐消失、劳动年龄人口下降趋势加剧以及老龄化加速等，这些对我国经济和社会提出了严峻挑战，未来一段时间内我国仍需大量补充人力资源才能缓解该矛盾。在新常态下，我国劳动力市场还面临诸如供需失衡、结构不合理等问题，并受到目前不够健全的社会保障体系所限制，在一定程度上阻碍了合理配置和利用劳动力资源。因此在当前经济发展背景下，研究如何通过公共政策对劳动力市场进行调控显得尤为重要。国家层面必须制定相应的政策措施，确保劳动力市场稳定运行。比如，政府需要陆续出台各种公共政策来规范和完善劳动力市场的功能等。在这一过程中，财政政策是最直接有效的措施之一，并且在解决就业问题方面起着重要作用。

在我国现行的财政制度下，财政政策作为宏观调控政策之一，通过增加投入、拓展有效供给等方式来减轻就业压力或解决就业问题。在当前背景下，研究财政政策如何影响劳动力市场显得尤为重要。目前的财政政策主要包括推动经济发展方式转变、调整收入分配差距以及税收优惠等。这些也是针对当前失业现象等所采取的应对措施。在需求不足的失业问题上，各国都推出相应的财税激励措施以刺激本国产出、货币与供给关系的调整等。同时为确保经济持续快速健康发展还需要进行一系列结构优化调整措施，如增加政府公共支出、提高社会保障水平以及加大税收征管力度等。这些政策和措施可以扩大投资与消费，从而刺激就业增长。虽然有些对就业的促进作用不是直接的，但由于社会总需求的变动，它们仍然具有间接影响。

2.6 税收影响就业作用机制

税收对就业影响的作用机制是指政府在税收制度和征税中的选择，以及其对就业市场的影响。我国现行税收政策存在许多问题，导致宏观税负偏轻，但企业负担较重。积极而适度的税收政策可以有效引导社会资源流向更高层次，从而取得良好的就业效果，然而若运用不当，则可能出现负面效应。目前我国积极的税收政策并没有起到理想中的作用。为了提高我国税收对促进就业所起到的作用，必须研究不同种类税款对就业具体影响的差异性，并据此制定相应的税收政策。

我国目前实行的流转税制有利于促进产业结构升级和提高劳动效率，但带来了一些问题。我国现在主体税种是流转税，征收对象是纳税人商品生产、流通环节的流转额或者数量以及非商品交易的营业额，因此具有很强的可转嫁性。通过改革降低流转税比重，可以促进产业结构升级和经济发展。流转税可以对收入分配起到一定的调节作用。通过对不同收入阶层消费的商品和服务征收不同比例的流转税，可以有效缩小贫富差距，促进社会公平。从企业角度看待增加流转税等做法时，这些措施会促使企业为追求利润最大化而将多余负担反映在商品价格上涨中以保证其盈利水平。此时，对企业生产规模的变化影响不大，从而使得雇用更多员工拉动就业的作用效果甚微。从国家角度看，流转税增加可以增加财政收入、促进经济发展等。但是，站在消费者角度来看，如果增加流转税，那么多余负担最终会转嫁到消费者，这间接降低了其购买力，从而大大降低了整体消费需求并给市场带来不利反馈。这种减少需求水平、拉升供给水平的税收政策会引发供应减少、市场规模缩小和就业水平下降等一系列经济反应。

另一个主要的主体税种是所得税，与流转税相比具有不同程度的可转嫁性。所得税直接纳入政府收入中并作为其重要收入来源之一。所得税作为国家的重要宏观调控工具之一，在促进经济发展方面起着至关重要的作用，但存在许多弊端。对于消费者而言，所得税在某种程度上影响着他们的个人消费水平。所得税负担过重将直接降低其个人收入，与流转税相比，更直接地影响个人消费需求。对于企业而言，所得税除了决定企业产品生产过程中所耗用能源和原材料等成本外，还影响着企业盈利状况。增加所得税将直接影响其利润水平，从而导致其规模缩减和雇员减少。

此外，政府供给的公共产品和服务不足以及财政支出结构不合理等因素会进一步加剧居民消费能力下降。在当前中国经济下行压力加大的情况下，减税降费是激发消费、缓解宏观经济形势的重要手段。因此在这种背景下，研究税收政策对就业的作用机制和效果具有重要理论价值与现实意义。本书旨在从整体上分析减税降费政策对促进就业所产生的影响，并涉及更多方面如非税收入等来全面评估该政策的实施效果。

2.6.1 税收影响劳动总供给

劳动总供给指的是整个社会中符合就业条件的劳动者，在一定的市场工资率的条件下，他们愿意并且能够提供的劳动时间的总和。劳动供给不仅是一个经济学概念，也直接涉及社会资源的分配问题。劳动供给受社会层面的很多因素影响，比如社会的总人口、处于劳动年龄阶段的人口数量以及社会工资率等。与此同时，个体层面上的劳动供给会因个体的选择而有所不同。劳动者会根据自己的需求在劳动和闲暇之间做出选择。通过这样的选择，劳动供给不仅是社会资源的配置问题，实际上也是经济发展和个体效用最大化的问题。

从个体的角度来看，劳动供给是劳动者在衡量劳动时间和闲暇时间之间的平衡后，做出的自主选择。个体在做选择时，会考虑自己在物质和精神层面的需求。物质需求通常指的是个体通过劳动获得收入，以满足自己的日常生活和消费等需求。而精神需求表现为闲暇时间的增加，用来满足个人的娱乐、休闲以及提升自我价值等需求。因此劳动供给不仅是单纯的劳动问题，还与个体的生活质量密切相关。合理地安排劳动时间和闲暇时间，能够帮助劳动者更好地实现自我价值，并享受更高质量的生活。

劳动和闲暇两者实际上是相辅相成的。劳动创造了物质财富，带来了收入，能够更好地满足人们闲暇时的物质需求，提升他们的生活品质；而闲暇更多地用于满足人们的精神需求，精神需求的满足会使人们劳动时更加积极等。虽然两者是相辅相成的，但由于时间的限制，劳动和闲暇的选择是一个相对的过程，劳动者在一定的时间内只能在两者之间进行平衡选择。

因此劳动供给实际上是个体在物质需求和精神需求之间做出的权衡选择。当社会提供足够的劳动机会时，劳动者可以增加劳动时间以获取更多的收入；反之，当个体更倾向于闲暇时，劳动时间则会减少，这也就直接影响了劳动供给的总量。通常劳动供给量的多少会影响经济的运转效率和社会的发展进程。

在现代经济学中，税收政策对劳动市场的影响具有重要意义。它通过改变劳动者对劳动时间和闲暇时间的选择，进一步影响了劳动供给和就业状况。通常来说，税收政策主要通过两个机制来作用于劳动者的选择，即收入效应和替代效应。

2.6.2　收入效应和替代效应

收入效应是指税收政策通过改变劳动者的实际收入来影响劳动者的选择。具体来说，当税收政策实施后，如果劳动者的可支配收入减少，为了维持其原有的生活水平，劳动者通常会选择延长劳动时间，减少闲暇时间，从而弥补收入的减少。收入效应往往促使劳动者增加劳动供给，因为他们需要通过增加工作时间来获得更多的收入，以应对日常支出。因此收入效应会导致劳动供给的增加。

替代效应是指税收政策通过改变劳动和闲暇的相对价格来影响劳动者的选择。当税收政策实施后，如果劳动者的实际收入减少，那么工作的吸引力相对于休闲来说减弱了，闲暇时间的机会成本降低。这意味着，在税收负担增加的情况下，劳动者更有可能选择减少工作时间、增加闲暇时间。替代效应通常会减少劳动供给，因为在税收负担增加的背景下，闲暇变得更加有吸引力（如图2–3所示）。

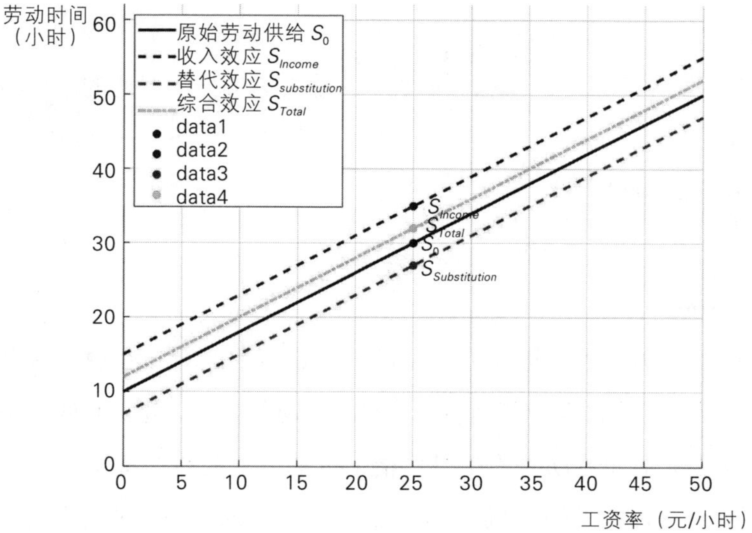

图2–3　收入效应与替代效应

2.6.3 税收影响劳动总需求

从劳动总需求的角度来看，市场在一定期限内对劳动就业的吸纳能力可以通过企业对劳动力的需求进行体现。劳动总需求不仅反映了社会提供职位的能力和意愿，还体现了企业为完成生产经营活动所需的工作时长。在我国劳动力资源充裕而又相对不足的今天，拓展就业空间成为政府的重要工作之一。在中国经济转型升级过程中，产业结构的不断优化调整伴随着就业岗位数量的明显下降。这使得劳动者更加关注其未来的就业状况和职业前景。全要素生产率是反映一个国家或地区经济增长质量及其与其他经济体技术差距的重要指标。为了提升全要素生产率，税收政策作为一种宏观经济调控工具能够有效地调节经济因素之间的比例关系，从而间接影响劳动力的供求结构，最终实现宏观经济效益的最大化。

假设企业的生产函数为 $Q=f(L,\ K)$，其中 Q 表示产出，L 表示劳动力，K 表示资本。企业的利润函数为：

$$\Pi = P \cdot f(L,\ K) - wL - K$$

其中：P 表示产品价格，w 表示劳动力的价格。企业的利润最大化条件是：

$$\frac{\partial \Pi}{\partial L} = P \cdot \frac{\partial f(L,\ K)}{\partial L} - w = 0$$

即：

$$P \cdot MPL = w$$

其中：MPL 表示边际劳动生产率。这表明企业会在边际劳动生产率乘以产品价格等于劳动力的价格时实现利润最大化。税收政策会通过改变资本和劳动力的相对价格来影响企业的生产成本与雇工规模。因此，税收政策可以通过间接影响劳动需求来决定劳动供给，还可以通过调节工资结构来影响劳动供给。税收政策可以通过间接方式决定企业的雇用人数。

假设劳动者的效用函数为 $U(C, L)$，其中 C 表示消费，L 表示工作时长（劳动供给）。无差异曲线的斜率为正，表明在效用保持不变的前提下，增加消费需要同时增加工作时长。当产品价格下降时，劳动者的实际收入相当于增加，闲暇的机会成本相对提高。

从劳动力需求端来看，劳动需求影响因素包括经济和社会发展程度、市场规模与利润率等。提高税率会导致资本的边际产出递减，遏制投资扩张，进一步影响企业雇用劳动力的规模。在个人所得税方面，提高税率会导致员工的实际可支配收入下降，从而影响生产经营和雇用规模的变化。政府可以通过税收政策合理调整劳资利益关系，以缓解高失业率和低劳动生产率并存的局面。

假设企业生产经营中只有资本要素和劳动力要素，并且两者可以互相替代。通过规模效应和替代效应检验，本书建立了不同税率下最优雇用比例模型，并分析了各参数变化趋势。税收政策的调整对企业资源配置效率和经济增长有直接影响。结论表明，税收政策可以调动企业积极性并促进劳动效率提升；减税政策可以鼓励企业扩张、增加就业并改善产业结构。如果税收政策导致工资水平下降，则企业的边际成本会减少，可能需要更大的生产规模以达到平衡状态，同时增加对劳动力的需求。

总结而言，税收政策对企业资源配置效率和经济增长的影响不可忽视。税收政策能够通过调节资本和劳动力的价格影响企业的生产规模与雇用策略。通过提高劳动效率和扩大生产规模，税收政策可以间接促进就业增长。然而，不同的税收政策在不同时期和不同市场条件下对劳动供给和需求的影响会有所不同。因此，制定有效的税收政策对于促进经济增长、优化产业结构和提高就业质量具有重要意义。

如图2-4所示，税前预算约束线与税前等产量线分别表示企业在给定要素价格和技术水平下的生产可能性与产出偏好。当税收政策发生变化并导致劳动力与资本价格的相对比例发生调整时，企业的生产决策会随之改变，具体体现在替代效应与规模效应两个层面。

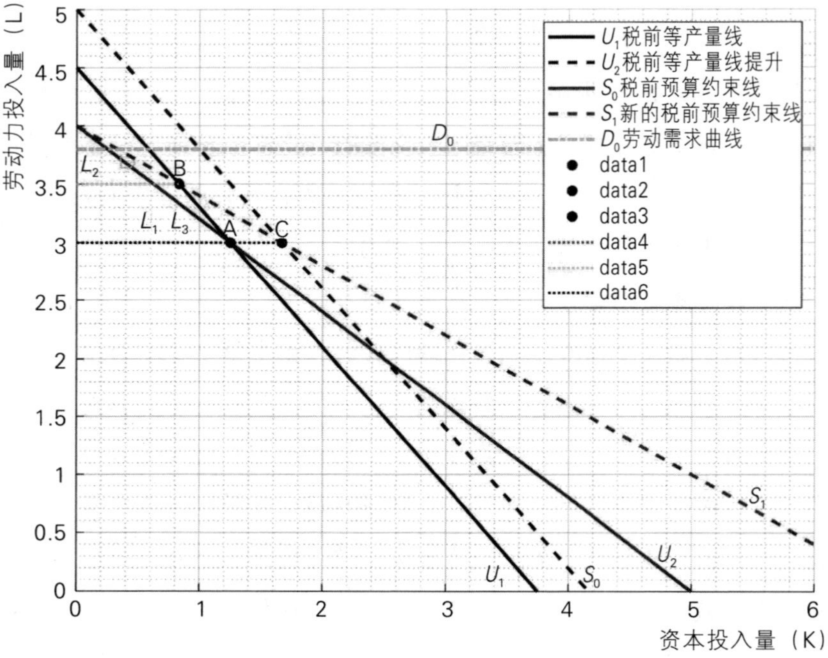

图2-4　替代效应和规模效应

2.6.3.1　替代效应

（1）要素价格变化与投入组合

假设最初税前等产量线U_1与税前预算约束线S_0在点A相交，对应的劳动力投入量为L_1。若税收政策变动令劳动力工资率或资本成本的相对价格发生改变，企业在保证既定产量的前提下，会比较要素的边际产出与边际成本，最终可能让新的税前预算约束线S_1与原有的税前等产量线U_1于点B相交。此时，劳动力投入量调整到L_2。

（2）效应内涵

由L_1到L_2的变化，体现了企业在产量既定时对要素组合进行重新配置的过程，即替代效应。若劳动力工资率相对资本成本下降，则有利于企业适度增加劳动力投入、减少资本使用；反之亦然。替代效应的大小与要素间的可替代弹性有关。

2.6.3.2　规模效应

（1）产量水平的扩缩与要素需求

当税收政策使企业整体生产成本或市场环境发生改变时，企业的最优产量决策也会随之调整。若生产规模扩大，税前等产量线从U_1上移至U_2，与新的税前预算约束线S_0相交于点C，劳动力投入量可能进一步调整到L_3。若生产规模缩小，则可能出现反向移动。

（2）二者叠加

替代效应关注“要素相对价格”改变时，在保证产量不变的条件下，劳动力与资本投入彼此替代的过程；规模效应则关注“产量本身”随企业利润预期或成本压力变化而上升或下降，并由此影响对要素的总体需求。由L_1经L_2到L_3的最终变动，往往同时反映了替代效应与规模效应的综合结果。

2.6.3.3　税收政策对要素配置与企业投资的影响

（1）减税与企业投资

减税一般会增加企业可支配收益，有利于提高企业再投资意愿，从而在某些行业或特定阶段促使企业资本投入增多。但若宏观经济低迷或预期不佳，企业即使获得了更多留存利润，也可能仍然保持观望，从而并未实质增加资本投入。在不同经济环境下，减税的效果应结合企业和行业差异具体分析。

（2）增税与资本供给

当税负提高时，企业的税后收益率趋于降低，投资动力往往被压缩。若企业想保持原有利润水平，可能会尝试提升技术水平或进行规模化生产以摊薄成本，但若税负或资本成本上升过快，整体的资本投入也有可能随之收缩。此时，更高的要素成本既不必然提升企业的资本存量，也可能抑制投资。

2.6.3.4 流转税与所得税对企业的不同作用

流转税（如增值税）与所得税对企业经营的影响机制并不相同：流转税主要体现在对边际成本和产品价格的影响上，可转嫁给下游消费者，也会影响企业的产量与要素需求。所得税则直接影响企业净利润和现金流，对企业投资再生产和长期发展意愿的影响更为关键。在充分竞争或供给弹性较大的行业中，如果企业具备较高转嫁能力，税收政策对其利润率的影响可能相对有限；反之，如果市场需求弹性小、企业议价能力不足，税收上调将显著挤压企业利润，进而对企业投资与劳动力需求产生更明显的抑制。

2.6.3.5 劳动力价格与就业效应

（1）税收政策并非推升工资的主要原因

劳动力价格主要取决于劳动力市场供求关系、产业结构、最低工资法规、工会力量及宏观经济形势等多重因素。税收在要素市场中的作用较为间接，未必必然推高劳动力成本。

（2）资本与劳动力的此消彼长

如果通过提高资本成本使企业的相对成本上升，则企业可能减少资本投入并更多依赖劳动力；反之，在设备与技术升级、资本替代劳动力的趋势下，劳动力需求也可能下降。具体取决于企业所处行业的技术水平与产品市场竞争状况。

（3）规模效应与就业

当边际收益超过边际成本时，企业倾向于扩大生产规模，从而有可能增加对劳动力的需求；但若税收或其他成本上升导致边际收益率下降，企业倾向于缩减产能，减少对劳动力的需求。在不同经济周期或行业环境中，这种规模调整的方向与幅度各不相同。

综合来看，税收政策对企业资本投入与劳动力需求等的影响往往体现在替代效应和规模效应的双重作用下，且会随市场竞争程度、企业预期与行业特性等而发生不同程度的变化。整体而言：

（1）税收政策并非导致劳动力价格上涨的主因。工资水平与就业更多取决于宏观经济环境和行业供需状况。

（2）流转税和所得税对企业利润与要素需求的影响并不完全相同。能否将税负转嫁、市场需求弹性如何、企业利润是否可被挤压等因素共同决定了实际效果。

（3）在替代效应与规模效应的共同作用下，即使同样的税率调整，在不同情境中也可能导致不同的结果：有时会促使企业扩大劳动力投入，有时会抑制产能并削减劳动力需求。

（4）短期与长期影响需区别对待。短期内，企业要素配置的调整弹性有限；长期则可能出现技术升级、设备替代人工或生产模式转变等深远影响。

因此，在评价税收政策对经济增长与就业的影响时，必须结合具体的市场结构、产业特征以及宏观调控环境等多重因素进行更深入与动态的分析。仅从税收政策本身来判断劳动力价格是否必然上升或投资必然减少，往往比较片面。只有在明确传导机制、市场供需弹性、产业间竞争格局等条件的基础上，才能更全面地理解税收政策在调节社会总需求、促进经济结构优化以及稳定就业方面所发挥的作用。

2.6.4 税收影响劳动力市场

2.6.4.1 税收政策对企业的利润无影响

税收政策对企业利润的影响主要体现在劳动力需求和供给的调整上。当税收政策不直接影响微观企业的利润时，劳动力需求端不会发生显著变化。在这种情况下，重点转移至劳动力供给端。如果税收增加，劳动力供给的总量和结构需要适当调整，以保持宏观经济的稳定性。宏观税负上升，劳动力供给总量往往会减少，并且这种减少通常是不可逆的。而当宏观经济波动时，宏观税负上升将导致劳动需求量下降。由于各产业之间存在竞争关系，因此不同产业的就业弹性差异较大，税收政策对不同产业的劳动力需求的影响也产生了显著差异。在税收激励政策的作用下，考虑其他相关因素，不同行业的劳动力需求会发生相应变化。根据就业弹性分为两种情况：一种是缺乏弹性的就业市场；另一种是弹性较强的就业市场。基于这一背景，需要从税收与经济增长之间的相互联系出发，深入探讨其相互作用机制。

本书首先分析了税收政策对劳动力需求和供给的影响，随后通过理论推导得出税收政策与经济增长的一般均衡模型。研究结果表明，税收政策对经济增长的长期作用具有一定的稳定性，税收政策的变化不会导致经济增长出现大幅波动。模型还显示，在某些情况下，税收增加可以推动经济增长，但超过一定限度时，税收过高可能会引发经济衰退。因此在实际的政策制定中，需要合理控制税收水平，避免过度依赖税收来刺激经济。税收政策对劳动力市场的影响如图2-5所示。

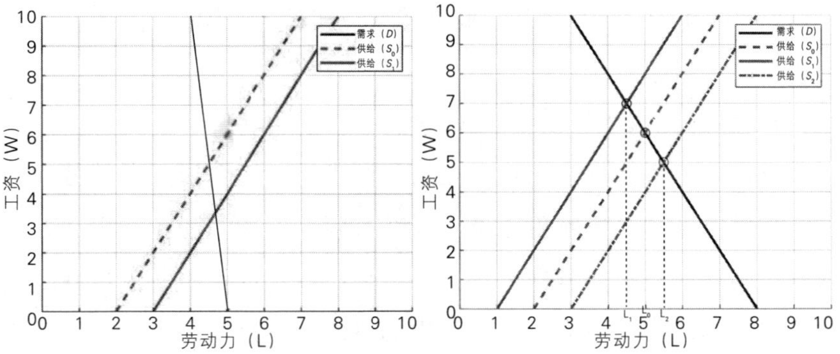

图 2-5　税收政策对劳动力市场的影响

图 2-5 的左图中，劳动力需求曲线 D_0 的斜率较大。当劳动力供给曲线从 S_0 向 S_1 转变时，对劳动力影响不大。这意味着，即使劳动力供给曲线发生改变，税收政策也不会直接影响就业水平。在这种情况下，税收政策没有改变劳动力市场的平衡，反而在一定程度上缓解了就业压力。如果税收政策对经济增长产生了正面效应，则会促使劳动力需求量上升，反之则会下降，进而引发劳动力供给量的下降。

图 2-5 的右图进一步展示了劳动力供给曲线变化对劳动力市场的影响。当劳动力供给曲线从 S_0 向 S_1 和 S_2 移动时，均衡点劳动力分别下降到 L_1 和上升到 L_2。这一变化过程表明，税收政策会通过供需效应影响劳动力市场，L_0L_2 表示税收的收入效应，而 L_0L_1 则代表税收的替代效应。税收政策的最终效果取决于收入效应与替代效应之间的相对强弱。如果 L_0L_2 小于 L_0L_1，则替代效应较强，可能会降低就业水平。

在宏观经济增长过程中，劳动力市场会受到技术、制度等多种因素的制约，产生非均衡状态，进而影响就业缺口的变化。当技术进步和人力资本积累逐渐改变市场均衡时，税收政策的作用不可忽视。因此，税收政策成为影响就业水平的重要因素之一。在经济增长进程中，税收政策通过替代效应、收入效应等途径，间接决定了就业数量的变化。

2.6.4.2 税收政策影响企业利润

税收政策不仅直接影响企业的利润水平，还会通过调整劳动力需求和供给结构来影响就业市场。在实际操作中，税收政策和就业结构之间存在复杂的双向影响关系。税收政策的调整不仅可以改变企业的劳动成本，还会影响劳动力的供给端，进而影响整个经济的运行。

当企业的利润受到税收政策影响较小，或者税收对利润的影响在短期内未显现时，劳动力需求端的变化不明显。但税收政策会对劳动力供给产生直接影响，尤其是在政府通过减税或税收激励政策来缓解就业压力时。在这种背景下，需要综合考虑劳动力供给的变化与宏观经济的调控措施，研究税收政策如何有效促进就业增长。

图2-6显示了税收政策对劳动力市场的影响。在图2-6的图（1）中，税收政策对劳动力市场的需求曲线并没有显著影响，需求曲线仍然保持在原位。这意味着，在某些条件下，税收政策并没有改变劳动力的均衡状态，即劳动力市场供需保持在较为稳定的水平，缓解了就业压力。然而，当税收政策对经济增长产生积极影响时，则可能会带动劳动力需求量的上升；反之，劳动力需求量下降，进而抑制就业。

从理论角度来看，税收政策的有效性体现在扩大就业岗位、提高劳动报酬、调节社会财富分配。在当前经济转型的背景下，随着我国经济结构的调整和优化，税收政策对促进就业的积极作用更加突出。通过运用回归模型对现行税收政策的实证分析，发现税收政策不仅能够扩大就业规模，还能够改善就业质量。尤其是在现阶段，随着企业税负的调整，劳动力需求端的变化更加显著，进一步证明税收政策在促进就业方面的重要性。

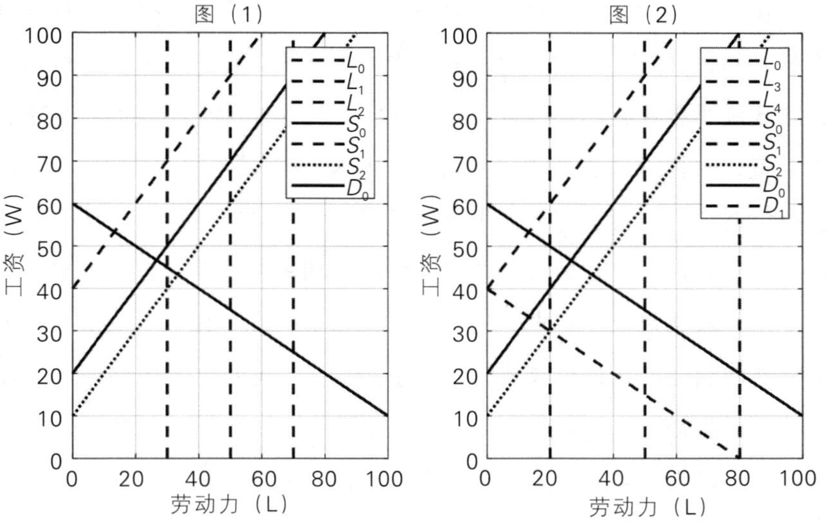

图2-6　税收政策对劳动力市场的影响

然而，随着经济发展中的产业结构优化，税收政策对就业的影响会产生阶段性变化。当企业的劳动力需求受限于高昂的劳动力成本时，税收政策将显著影响就业结构。图2-6中的图（2）展示了在税收政策影响下，劳动力市场的需求曲线发生变化，均衡点也随之变化。税收激励政策可以通过改变劳动力的边际报酬来调整企业的雇佣决策，并通过降低企业成本和增加投资来间接提高劳动者的收入水平。

在供需关系的变化中，税收政策所产生的替代效应和收入效应至关重要。通过调整劳动力价格和税率，政府能够实现对劳动力市场的动态平衡。当税收政策引发劳动力成本增加时，企业的用工需求减少，而此时通过减税政策所带来的就业效应能够缓解这种供需失衡。从图2-6中可以看出，当供给曲线从 S_0 转移到 S_1 时，均衡点劳动力从 L_0 降至 L_1；而当供给曲线继续向下延伸至 S_2 时，均衡点劳动力增加至 L_2，显示了税收政策对就业的替代效应。

在另一种情况下，如果劳动力市场处于非均衡状态下，税收政策所带来的替代效应可能会导致劳动力需求不足。根据本书的研究，当税收政策对企业利润影响较大时，税收力度的加大可能导致企业降低用工量，从而导致失业现象的加剧；相反，如果税收力度适度降低，企业将通过增加投资和扩大生产规模来吸纳更多的劳动力。

通过分析税收政策对劳动力市场供给和需求的双向影响，本书提出了以下政策建议：首先，政府应当根据不同产业和不同规模企业的需求弹性制定差异化税收政策。对于劳动密集型行业，应当适度减轻税负，以提高就业弹性。其次，企业需要更好地利用税收激励政策，通过合理调整劳动力成本和资本投入来提高劳动生产率。最后，政府应加强税收政策的执行力，确保减税政策真正惠及企业和劳动者，尤其是对于中小企业和创新型企业的支持。

劳动力市场的供给弹性在很大程度上决定了税收政策对就业水平的影响。在供给弹性不高的情况下，劳动力需求的变化往往不会对现有就业水平产生较大影响；相反，当供给具有弹性时，税收政策则会对就业水平产生显著的影响。本书旨在研究不同劳动力供给类型对工人收入水平的影响，并通过构建模型进行定量分析，揭示税收政策在不同情形下的作用机制。

在现实中，受到多重经济因素的影响，我国现行的税收政策难以完全调节劳动力供需关系，这导致了不同程度的就业压力差异。当劳动力供给缺乏弹性时，税收政策的调整并不会对就业水平产生较大影响，即使需求曲线发生了变化，就业量仍会保持稳定。然而，当劳动力供给具有弹性时，税收政策的调整会显著影响就业量的变化。在这种情况下，税收政策不仅会对企业的劳动力成本产生影响，还会通过影响劳动力的供给结构，进一步调整就业水平。

理论上，只要税收政策在劳动力市场中发挥了合理的调节作用，它就能成为一种有效的政策手段。这是因为税收不仅仅是经济中的一个简单数量指标，它还关联着社会资本存量、国民收入分配等多个经济变量，能够通过影响劳动力的供求关系，进一步改变劳动力价格和企业的用工决策。因此，从均衡模型的角度来看，税收政策与就业水平之间具有复杂的正相关关系。

换言之，“税收可以增加就业”的论断无法直接在一个平衡模型下得出。税收政策对就业水平的影响取决于规模效应与替代效应的相对强度。在一些情形下，税收政策可以通过减少企业的劳动力需求来降低就业量，但在其他情况下，税收政策可以通过改善劳动者收入水平和激励机制来提升就业量。从整体上来看，税收政策的就业效应表现出中性调节的特征，这意味着其效果依赖于具体的经济情境。

从理论上来看，随着国民收入的增长、劳动力价格的上升和劳动力边际生产率的提升，企业的单位劳动力成本将会下降，单位产品的劳动产出将增加，这最终将推动就业数量的增长。这种分析与实际经济运行过程相符合：在需求曲线变化的情况下，具有弹性的劳动力供给将显著影响就业量的变化。而税收作为一项政策工具，通过调整劳动者的收入水平，既能起到激励作用，又能作为宏观调控手段实现其政策效用的最大化。

图2-7展示了税收政策对劳动力市场的进一步影响。图2-7中描述了在不同供给弹性条件下，税收政策如何通过影响劳动者收入和企业用工决策，改变劳动力供需平衡并最终影响就业水平。在某些条件下，税收政策能够通过收入效应和替代效应，分别对就业量产生正向或负向的影响。税收政策的实际效果取决于收入效应和替代效应的相对规模。如果税收政策的收入效应强于替代效应，可能会推动就业量增长；反之，则可能抑制就业量增长。

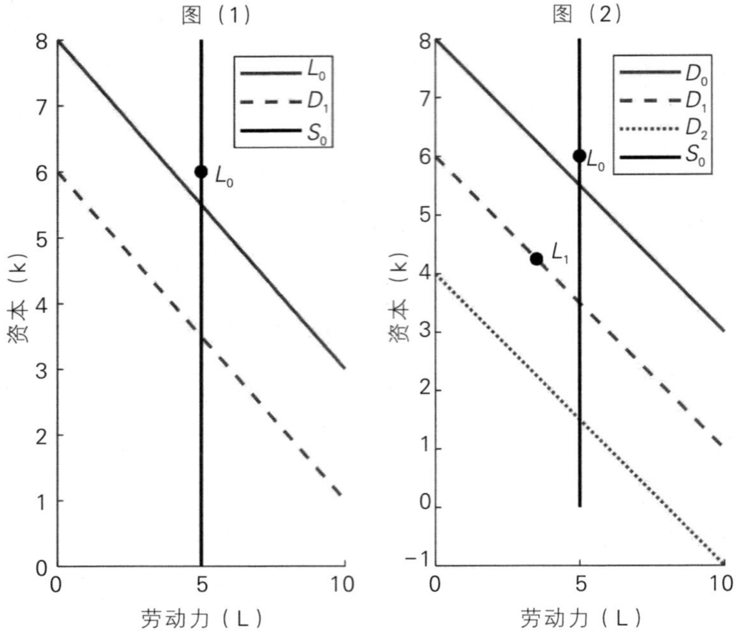

图 2-7　税收政策对劳动力市场的进一步影响

基于以上理论，本书通过实证研究得出了当前我国税收政策对就业水平的具体影响。研究表明，税收政策对不同类型行业的就业水平产生了显著的差异，在劳动力供给具有较大弹性且行业需求波动较大的情况下，税收调整对就业的影响更为明显。与此同时，税收政策还通过对劳动者收入的调节，间接影响了国民经济的增长。因此，未来的税收政策应注重弹性调控，并针对不同产业和不同劳动群体制定差异化政策，以确保政策效应的最大化。

第3章

减税降费政策与就业分析

3.1 就业现状分析

3.1.1 就业总量分析

就业是民生的核心问题，稳定就业对于中国14亿人口的社会稳定至关重要。在当前经济下行压力加大、劳动力供给过剩、结构性矛盾突出的背景下，做好稳增长和促进就业工作尤为重要。就业不仅与人民群众的切身利益息息相关，还影响了社会的公平和公正，直接体现了国家和地区的综合实力与现代化水平。因此，解决好就业问题不仅是党和政府的重要任务，也是广大人民群众普遍关注的民生焦点。

中国正处于改革攻坚的关键时期，就业压力不断加大，形势严峻复杂。近年来，由于产业结构转型升级、产能过剩和国际金融危机等多重因素，部分行业的企业效益下滑，导致了严峻的失业形势。尤其是在信息化、城镇化进一步发展、农村劳动力向城市转移和新增城镇就业人口增加的背景下，许多地区出现了严重的结构性失业问题。如何有效应对当前的失业压力，已成为社会各界关注的焦点。在经济新常态下，解决就业问题不仅能够保持社会和谐稳定，还事关全面建成小康社会进程中的经济社会协调发展。因此，当前及未来一段时间，解决就业问题具有重大意义。

近年来，随着中国居民收入水平的不断提高，劳动力市场的供求关系发生了深刻变化，结构性失业成为影响社会稳定和经济发展的突出矛盾之一。研究如何化解和减少结构性失业问题，对于保障经济社会的健康发展至关重要。党的十八届五中全会提出，“十三五”时期将积极就业政策作为重点工作，以促进经济结构调整。因此，正确认识我国当前就业结构的现状及成因显得尤为重要。当前受多种因素制约，我国就业结构依然不够合理，结构性矛盾突出，就业困难加剧，进而对经济增长产生负面影响。在新常态下，如何实现经济的平稳较快发展与充分就业已成为一个亟待解决的问题。因此，研究就业问题对全面建成小康社会目标的实现至关重要。此外，在城镇化加速和人口红利消失的双重影响下，未来几年失业率可能出现反弹。本书通过计量模型，对未来几年我国城镇失业率及总就业人数进行了预测，并提出了相关的宏观和微观对策。同时，结合我国的实际情况并借鉴其他国家的经验，本书进一步提出了相关的政策建议。在实证分析中，采用了面板数据模型，对影响失业的因素进行了回归分析。通过综述国内外相关文献，总结了影响就业数量变化的因素及其相互关系。本书以2011—2021年的中国年末总人口和就业人口为数据基础，进行了就业总量的比较分析，并建立了多元回归模型，预测了未来几年的就业变化趋势。与此同时，本书还采用了灰色关联分析法，定量分析了各个因素与就业人数之间的关系，提出了相关建议。

研究表明，首先是我国的失业率在统计意义上具有明显的阶段性特征，城镇登记失业率最高，其次是农村劳动力的转移和农民工就业问题，各地区的失业率差异较大，近年来失业形势有上升趋势。尽管过去几年就业人口下降速度相对较慢，截至2021年年底，总就业人口下降了1 668万人，且已趋于稳定，但是随着经济增速的放缓和产业结构的转型升级，我国的就业形势依然严峻。2011—2021年我国总体就业情况如图3-1所示。

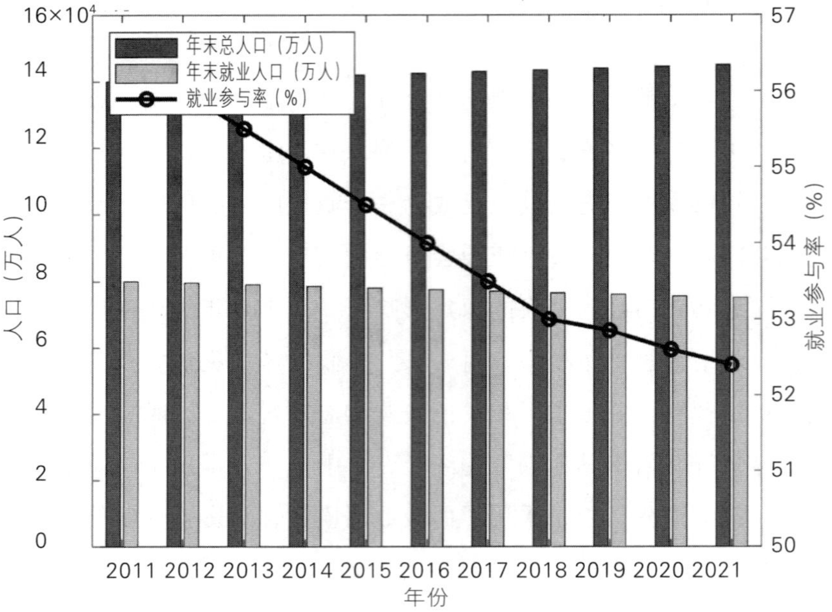

图 3-1　2011—2021 年我国总体就业情况

数据来源：2011—2022 年国家统计年鉴。

数据显示，我国的年末总人口在不断增加，但就业参与率呈现显著的下降趋势。与此同时，失业率和就业率逐年递减，表明我国已进入充分就业时代。国际金融危机加剧了国内就业压力，但也为解决我国就业问题提供了新的契机。在当前经济下行压力和全球疫情冲击的背景下，我国的就业数据并不理想。因此，政府有必要通过积极的干预政策来稳定就业市场，激发劳动力供需双方的活力，以推动就业市场的迅猛发展。

近年来，城镇登记人口失业率上升。2011—2016 年，城镇登记失业人数增长缓慢，失业率维持相对稳定状态。2017—2019 年，城镇登记失业人数有所下降，失业率也随之降低，显示出一定的经济复苏迹象。2020 年受到新冠疫情的严重冲击，城镇登记失业人数激增至1 160万人，失业率攀升至4.24%，是近十年来的最高水平。这一变化使原本持续下降的失业率受到巨大压力，进一步反映出就业市场的紧张局势。2011—2020年我国城镇登记失业人数和失业率如图3-2所示。

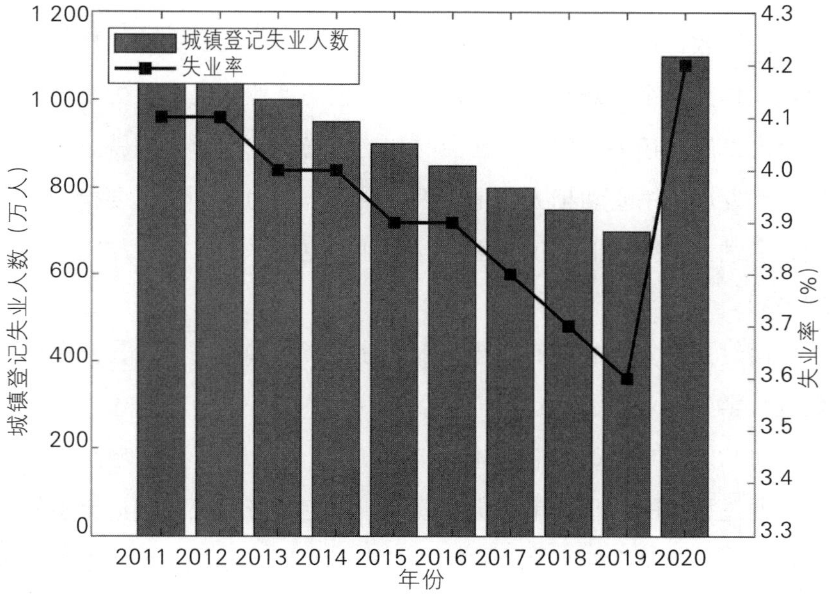

图3-2　2011—2020年我国城镇登记失业人数和失业率

数据来源：2011—2021年国家统计年鉴。

这一现象表明，城镇新增就业人口的增长无法有效抵消新增失业人口和下岗待业者的增多。此外，不同地区的就业形势存在较大差异，尤其在农村地区和中西部地区，失业问题尤为突出。这些地区经济结构相对单一，受经济波动的影响较大。当前我国整体就业形势严峻，主要原因包括受国际金融危机的持续影响，以及国内经济结构调整所带来的劳动力市场需求的萎缩。

与此同时，随着老龄化进程的加快以及人口红利的逐渐消失，我国的劳动力市场进入了相对供给过剩的时期。这个供给过剩不仅仅体现在劳动力数量上，还体现在劳动力结构与市场需求不匹配的问题上。尤其是高等教育的普及使得大学生人数逐年增加，这本应为国家的经济发展提供了优质的人力资本储备，但在当前经济下行压力和企业招工难度加大的背景下，大学毕业生的就业形势变得更加复杂和严峻。

高等教育扩张带来的大学生就业压力是当前社会关注的焦点问题之一。作为一个特殊的就业群体，大学生的就业状况不仅关系到他们的个人发展，还关系到整个社会的和谐与稳定。大学生的就业率与国家经济发展水平密切相关，是衡量社会经济活力的一个重要指标。因此，促进大学生就业不仅关乎个人福祉，更关乎国家发展与民族振兴的大局。

面对如此复杂的就业形势，本书分析了多种影响因素，并提出了促进大学生就业的建议：

（1）宏观经济环境的变化：国家应在全球经济不确定性的背景下，通过积极的财政政策和货币政策，稳定经济增长，创造更多的就业机会。特别是在新兴产业和高技术产业的培育上，国家应提供更多的支持，吸纳更多高素质的劳动力。

（2）教育体制改革：当前教育体制与社会实际需求存在脱节的现象，课程设置与市场需求的匹配度不高。因此，高等教育应更多地与产业发展相结合，注重培养应用型、创新型人才，减少理论与实践之间的差距。

（3）加强就业服务和创新创业支持：政府和高校应加强对大学生的就业指导和职业规划服务，通过提供实习机会、校企合作等方式提升大学生的就业竞争力。此外，国家应加大对大学生创新创业的扶持力度，鼓励自主创业，优化创新创业环境。

综上所述，当前我国面临的就业压力是经济转型期的必然结果，但通过合理的政策引导和改革措施，有望在未来实现就业的稳定增长，特别是在促进大学生就业方面，需要全社会共同努力，以应对当前的挑战和机遇。

如何衡量一国经济增长对就业市场的正面刺激效应，是宏观经济分析中的一个重要理论问题，也是经济政策选择的关键议题。多年来，经济学家始终关注这一焦点问题。本书通过建立计量经济模型，考察了我国宏观经济运行中失业率与就业率之间的相关性。研究结果表明，就业率与经济增长率之间存在正向关系，但这种关系的弹性系数会随时间变化而波动，因此在进行就业弹性分析时，我们必须综合考虑宏观经济环境、微观个体行为和政府政策的多重因素。

由于影响就业弹性的因素复杂多样，且相互之间存在交叉影响，准确估计和判断就业状况变得尤为困难。为此本书提出了一种新的分析途径：通过使用就业弹性系数来估计和预测经济增长率，并在此基础上对不同国家和地区的就业状况进行比较分析。本书在宏观层面上分析了各国使用的“逆周期”指标，并根据不同国家和地区的具体情况作出比较评价。

本书认为，当前我国的宏观调控政策以国内生产总值（GDP）增长率为核心，因此失业率在很大程度上取决于经济发展状况和政府的调控能力。基于此理论模型，本书提出了一个简单而有效的就业率指标，即就业弹性系数。就业弹性系数是年度就业增长率与国内生产总值增长率的比值，反映了国内生产总值增长对就业增长的影响。

通常情况下，就业弹性系数能够较准确地衡量一个国家和地区的经济发展水平与就业市场的供求状况，进而判断其是否实现了充分就业。从全球范围来看，无论是发达国家还是发展中国家，都广泛使用这一指标来衡量经济体的充分就业状况。

失业率则是一个国家和地区的就业总量与其应就业人口的比率，

它直接反映了劳动力市场的需求与供给之间的平衡关系。目前，我国主要使用城镇登记失业率作为失业指标。在劳动力市场上，供大于求、失业人数多、失业规模大等问题仍然突出。虽然城镇登记失业率可以作为评估宏观经济形势和政府宏观调控效果的参考标准，但也显示出我国在应对失业问题时面临较大压力。

图3-3展示了2011—2021年我国的国内生产总值增长率、就业增长率和就业弹性系数。从数据上来看，尽管2020年以前就业弹性系数呈现稳中有降的趋势，但2020年受新冠疫情冲击，达到了近十年新低。在国家实施的减税降费等一系列宏观调控政策的支持下，2021年就业弹性系数有所回升，说明国家政策对就业市场的调控有显著成效。

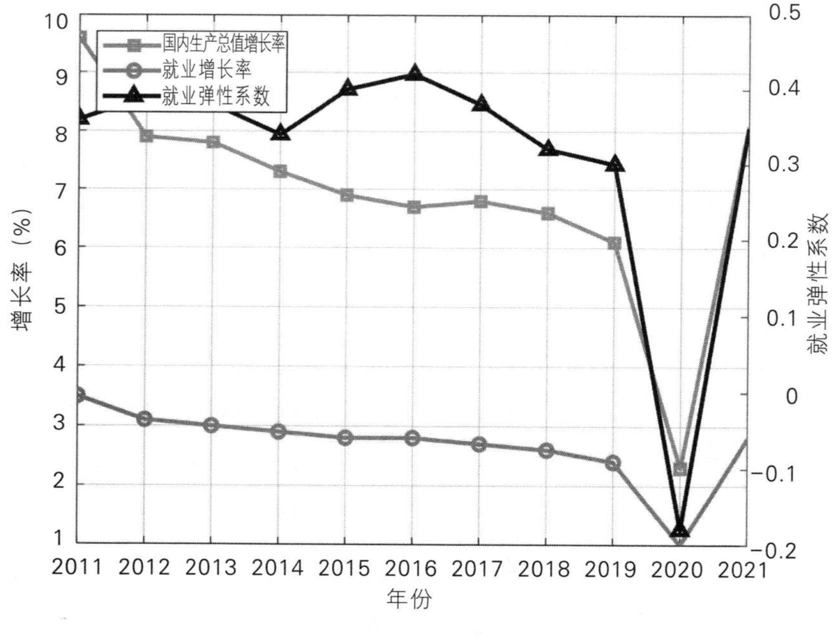

图3-3　2011—2021年我国的国内生产总值增长率、就业增长率和就业弹性系数

数据来源：2011—2022年国家统计年鉴。

3.1.2 就业结构分析

3.1.2.1 产业就业结构

就业问题始终是中国经济和社会发展的核心议题之一。对拥有14亿人口的国家而言，稳定就业不仅事关人民生活水平的提高，更关系到社会的长期稳定与和谐。随着中国经济进入新常态，经济增速放缓，供给侧结构性改革持续推进，劳动力市场面临的结构性矛盾日益突出。当前形势下，保持经济适度增长、提升就业率是国家宏观政策的重点之一。与此同时，随着城镇化进程加快、产业结构升级的不断推进，新增劳动力与存量劳动力的结构性矛盾更加明显，这使得就业形势较为严峻。因此，如何平衡经济发展与就业增长，确保社会稳定，成为亟待解决的重大课题。

在过去的十年中，中国就业形势经历了较为复杂的变化。2011—2020年，中国的城镇登记失业人数和失业率总体呈现波动趋势。2011—2016年，城镇登记失业人数增长缓慢，经济发展基本维持在相对稳定的状态。从2017年开始，随着产业结构转型和供给侧结构性改革的深入，失业率有所下降，特别是在高附加值产业的拉动下，就业机会增加，劳动力市场总体呈现供需平衡的趋势。然而，2020年初突如其来的新冠疫情打破了这一局面，城镇登记失业人数激增，达到1 160万人的历史高点，失业率也攀升至4.24%。新冠疫情的冲击导致企业经营困难，部分行业产能过剩，尤其是劳动密集型企业的用工需求大幅度萎缩，这给中国本已面临挑战的就业形势带来了更大压力。

经济结构调整与升级是就业变化的主要推动因素。近年来，第一产业的就业比重呈现明显下降趋势，2011年第一产业的就业占比为34.8%，而2020年这一比例已降至23.6%，十年间下降了11.2%。这种变化不仅反映了中国农业现代化进程的推进，也反映了农村劳动力向城镇和第二、第三产业加速转移的趋势。虽然农业生产效率有所提高，但由于自然条件的限制，第一产业对整体经济的贡献率逐渐下降，难以吸纳更多的劳动力。与此同时，第二产业特别是制造业，尽管在工业化进程中贡献较大，但其吸纳劳动力的能力也逐渐受到限制。一方面，随着自动化、智能化技术的普及，制造业对高素质技术工人的需求增加；另一方面，传统的劳动密集型产业由于环保要求和成本压力的提升，开始逐渐向外转移，导致部分低技能劳动者的就业压力加大。

第三产业的快速发展为劳动力市场提供了新的增长点。从2011年至2020年，第三产业的就业占比从35.7%提升至47.7%，增长了12个百分点。特别是在金融、物流、信息传输、软件服务等现代服务行业的带动下，第三产业逐渐成为吸纳劳动力的主力军。然而，第三产业内部结构不尽合理，传统服务行业如住宿、餐饮等受消费结构升级和新冠疫情冲击的影响，面临增长放缓甚至萎缩的局面。尽管如此，与发达国家相比，中国的服务业还有很大的提升空间。在未来的一段时间内，第三产业的扩展与优化将是促进就业的重要途径。

就业形势的变化不仅体现在数量上，质量问题同样值得关注。近年来，随着经济转型升级，新增就业岗位多集中在高技术含量、高附加值的行业领域，而传统的制造业和劳动密集型行业用工需求下降，导致劳动力市场呈现结构性失衡的局面。一方面，城镇化进程加快使得大批农村剩余劳动力向城市流动，然而城市就业市场的高门槛和高要求使得这些劳动力难以顺利融入城市经济体系；另一方面，高校毕业生人数逐年增多，大学生就业难问题愈发突出。当前中国正处于经济结构调整的关键时期，政府需要在积极推进经济改革的同时，加强就业政策的调控力度，确保劳动力市场的稳定发展。

在当前复杂的国际形势下，失业问题不仅是经济问题，也是社会问题。特别是在劳动力市场供大于求、失业率攀升的情况下，国家需要进一步优化宏观经济政策，加强财政支持，实施更加灵活和有针对性的就业政策。通过鼓励创新创业、推动高新技术产业发展以及提高职业教育水平等措施，积极吸纳各类劳动力，缓解就业压力。与此同时，地方政府应根据地区经济特点，制定差异化的就业政策，促进区域协调发展，推动内需和外贸平衡，进一步提升劳动力市场的吸纳能力。

综上所述，解决中国的就业问题需要综合考虑经济增长、产业结构调整以及社会发展的多方面因素。未来一段时间内，政府应在保持经济平稳运行的同时，进一步优化产业结构，推动第三产业和高附加值行业的发展，为劳动力市场创造更多优质的就业机会，确保社会的和谐稳定。我国2011—2020年三次产业就业人数占比如图3-4所示。

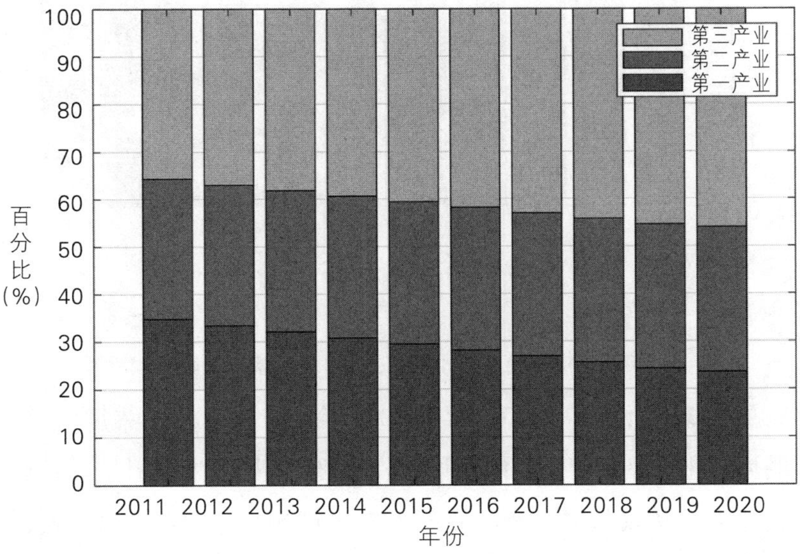

图3-4　我国2011—2020年三次产业就业人数占比

数据来源：2011—2021年国家统计年鉴。

3.1.2.2　城乡就业结构

在城镇化进程不断推进的背景下，城乡就业结构发生了显著变化。特别是随着中国经济现代化和产业结构调整，城乡劳动力的流动和就业模式逐步呈现出城市化与乡村就业减少的趋势。2011—2021年中国城乡就业人数如图3-5所示。

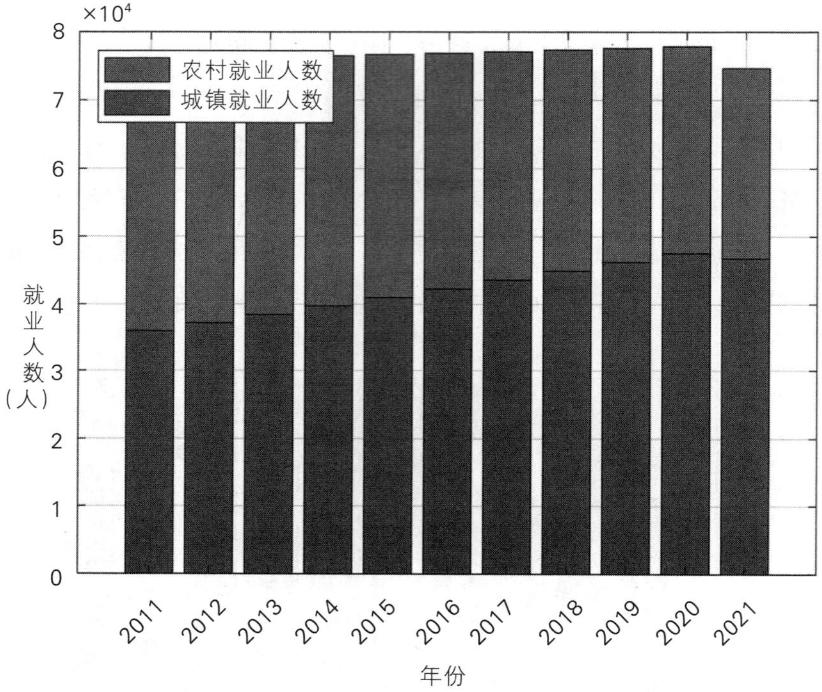

图3-5　我国2011—2021年城乡就业人数

如图3-5所示，从2011年到2021年，城镇就业人数持续增加，表明城镇化建设和产业升级对吸纳劳动力的能力不断提升。城镇居民的就业人数从2011年的36 003万人增加到2021年的46 773万人，增长了30%。这部分增长得益于制造业和服务业的快速发展，尤其是现代服务业的崛起，为城镇就业提供了大量的岗位。同时，农村的就业人数则逐渐减少，从2011年的40 193万人减少到2021年的27 879万人，下降了30%。

城乡之间就业结构的变化反映了经济转型和城镇化进程的进一步深入。一方面，随着农村劳动力逐渐向城镇转移，农村的就业人口总数不断减少；另一方面，城镇就业人数的增加也进一步促进了经济的快速发展，尤其是非农产业的扩展和基础设施建设的大幅增长。

从就业结构比例来看，2011年城乡就业结构比例为5∶5，而到2021年，这一比例已变为5∶3。这样的变化趋势表明，城镇在吸纳农村剩余劳动力、推动经济增长方面发挥着越来越重要的作用。这一现象也体现了政府政策对农村人口向城市转移的引导作用，以及促进农民工进城就业、提升农民工技能等一系列措施的有效性。

总体来看，随着城乡就业结构的进一步优化，未来城乡之间的就业差距可能会继续扩大。城市化的加速、农村经济发展的相对缓慢，以及新兴产业在城市中的聚集效应，都将继续推动城镇就业的增长。同时，这也意味着在今后的发展中，必须继续注重农村劳动力的转移和培训，以确保城乡之间的均衡发展，避免城乡差距进一步扩大。

农民工群体在我国的就业市场中占据着重要地位。我国农民工就业人数总体上呈现出平稳增长的趋势。然而受2020年新冠疫情的影响，这一增长势头出现了短暂的回落。在我国经济与社会快速发展的背景下，农民工人数不断增加，成为城市建设中不可或缺的重要力量。

当前以国有企业为主导的劳动力市场结构已经形成，农民工作为这一结构中的重要就业主体，尤其在制造、建筑和服务等第二产业和第三产业中发挥着关键作用。近年来，随着国家产业结构优化升级政策的推进，第三产业的比重逐步上升，特别是服务岗位的数量逐年增加，为农民工提供了更多的就业机会。与此同时，城镇化进程的加快也使得大批农村人口涌入城市，以寻找更好的就业和生活机会。这一现象不仅促进了农村劳动力向城市转移，也推动了我国城乡一体化的发展。

农民工群体的技能水平也随着社会经济的发展而逐步提高，特别是新生代农民工的出现，他们在教育、技能和职业意识上更具竞争力，成为推动国民经济持续增长的生力军。因此深入研究农民工就业问题，特别是在就业结构变化、技能提升与就业政策等方面具有重要的理论和现实意义。虽然我国人口老龄化问题日益严重，但城镇化进程的加速及大量青壮年农民工的流动，导致部分城市出现“空巢”现象。我国2011—2020年农民工就业人数和占比如图3-6所示。

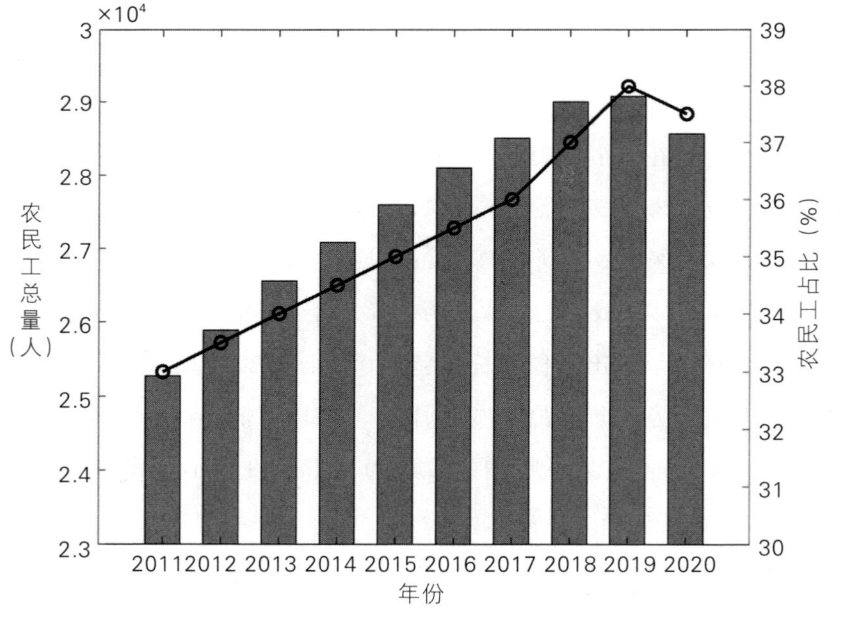

图3-6　我国2011—2020年农民工就业人数和占比

2011年，我国农民工就业人数达到25 278万人，约占当时就业总数的33%；到2019年，这一数字上升至29 077万人，占就业总数的38%左右。尽管2020年受疫情影响，农民工就业人数下降至28 560万，但其占全国就业总数的比例仍超过37%。

因此，妥善解决农民工就业问题不仅关系到整体就业形势的稳定，也事关我国经济社会的长远发展。政府应当通过政策引导，企业应当积极响应，协同各方努力，为农民工提供更多就业机会和职业发展空间，以确保农民工群体在新时代的就业市场中继续发挥重要作用。

3.2 减税降费政策梳理

3.2.1 直接激励就业的减税降费政策

3.2.1.1 重点群体创业就业的税收政策

稳定就业是政府为公民提供的重要社会福利之一，解决这一问题对全面建成小康社会至关重要。就业和再就业问题关系到每个劳动者的切身利益，直接影响经济发展、社会稳定和民生大计。随着我国经济和社会的不断转型升级，劳动力市场也发生了深刻变化，传统的就业政策已无法完全适应当前的形势，亟须进一步调整和完善。尽管政府采取了一系列措施以保障就业和再就业，但我国依然面临严峻的就业形势。因此，在宏观层面制定完善的税收政策来促进就业是十分必要的。

随着中国经济结构的调整和变化，弱势群体的就业问题日益突出，国家承诺执行更为积极的促进就业政策，并加大减税降费等支持措施的力度。特别是在“十三五”规划目标的完成和进一步健全制度建设过程中，税收政策成为化解社会矛盾、促进社会稳定的有效手段之一。通过税收优惠政策，政府可以调节经济结构，推动产业升级。在改革力度加大的背景下，国家逐步通过税收优惠政策来促进创业和创新，并将其作为长期政策持续推进。

目前，我国已出台了多项鼓励创业、创新以及缓解劳动力市场结构性矛盾的税收政策。这些政策包括增值税下调等。这些税收优惠政策不仅有助于经济结构调整，还有助于促进社会公平与稳定。值得注意的是，税收政策的受益者不仅局限于国有企业改革中的下岗人员，范围已扩大到所有企业的下岗人员、贫困人口、高校毕业生、零就业家庭以及就业困难人群。随着社会经济的不断发展，居民收入差距逐渐拉大，税收优惠政策为解决这一问题提供了重要手段。

税收政策的作用不仅体现在收入分配上，还通过降低劳动成本和增加就业机会，减少失业者的经济压力。在完善失业保险制度和社会保障体系的过程中，更多人能够享受规定的福利待遇。此外，中小企业作为推动经济增长的重要力量，创新创业已成为促进就业的主要动力。近年来，政府出台了一系列支持中小企业发展的财税政策，这些政策在缓解企业融资难、增加资本存量以及提高资金使用效率等方面发挥了重要作用。同时，这些政策还激发了重点群体的创业积极性，促进了社会有效需求的扩大和消费升级，从而间接推动了就业岗位的增加。

从当前经济形势和就业市场政策来看，税收优惠政策的受益主体范围不断扩大，享受减税降费政策红利的企业呈现出扩张态势，税收政策的实施效果日益显现。特别是在创业和创新领域，税收政策具有显著的激励作用。支持高新技术企业的发展同样是税收政策的重要目标。一方面，通过鼓励科技型中小企业的技术创新，推动产业升级和经济转型；另一方面，健全促进小微企业成长的相关制度，出台相应政策明确其享受的税收优惠标准，鼓励金融机构提供信贷支持。此外，政府还需为中小企业的发展营造良好的政策环境，制定针对不同类型企业的创业促进扶持政策。

从税收政策的实际实施效果来看，这些政策在一定程度上缓解了就业压力，促进了社会稳定和就业机会的持续增长。因此，进一步加大税收优惠力度，提升劳动报酬占比，推动经济增长模式转型和产业结构优化，成为税收政策未来发展的重要方向。最后，社会保障体系的建设也应与税收政策相辅相成，通过加大税收优惠力度，保障企业职工基本生活，进而为经济发展和民生改善提供更坚实的支撑。重点群体创业就业的税收政策见表3-1。

表3-1　**重点群体创业就业的税收政策**

文件名称	受益主体范围	重点群体范围	减免税优惠力度
财税〔2019〕22号[112]	取消对录用重点群体企业的行业限制，只要企业缴纳增值税和企业所得税，就可以享受限额内的减免优惠	重点群体适用范围扩大到四类人群，包括国家扶贫开发信息系统建档立卡的贫困人口	针对个体经营中遇到就业困难的人，年度减免税收为12 000元。企业吸纳就业困难人员时，可获得最高20%的浮动幅度和6 000元/年的定额税收减免。国家和地方两级政府可采取不同措施促进农村剩余劳动力转移。各区上浮比例最大值保持不变

3.2.1.2　残疾人和退役士兵创业就业的税收优惠政策

在促进残疾人和退役士兵融入社会、提升就业率、改善边缘人群就业问题方面，国家已出台了一系列政策。然而受多种因素的影响，政策在执行过程中仍然面临诸多挑战。通过对我国残疾群体和退役士兵就业现状的深入研究，发现他们普遍面临严峻的就业压力如职业选择受限、法律规范不足、相关部门重视不够等。

为有效应对这些问题，本书提出以下建议：首先，立法应明确保障残疾人和退役士兵的再就业权利，并设立专门机构提供就业培训和援助。此外，政府与企业的协作需进一步强化，鼓励社会组织积极参与残疾人再就业工作，为他们创造更多的就业机会。其次，应完善相关法律法规，制定《无障碍环境建设条例》[113]，确保残疾人平等享有教育与职业培训机会。通过设立专门管理机构，加强管理力度，完善社会保障体系，促进残疾人和退役士兵融入社会经济生活。

同时，政府应鼓励企业聘用高素质残疾人，从而推动非正规职业领域的就业机会，并通过加大政府投资，提高社会服务质量，构建残疾人就业培训体系。此外，还可以制定合理的残保金征收机制及税收优惠政策，给予安置残疾人员的企业相应的奖励措施。进一步的研究表明，政府需加大宣传力度，让社会更加了解残疾人和健全人共处、共创的可能性，积极引导社会力量参与到残疾人和退役士兵的就业中来。

从现实情况来看，我国中小企业数量众多，但由于资金短缺和人才不足，它们的发展速度相对缓慢。为此，国家出台了多项税收优惠政策，帮助中小企业更好地推动残疾人就业。政府应加强对企业的指导与管理，制定有效的激励措施。选择合适的税收优惠政策时，应考虑各类企业的特点和地方经济发展水平，以确保政策的有效实施并发挥最大效用。在税收政策的支持下，企业可以享受增值税即征即退、残保金减免等优惠措施，这不仅有助于残疾人家庭减轻经济负担，还可以通过“就业税盾”等措施降低企业的负担，促使更多企业愿意雇用残疾人。企业应通过多种渠道获取相关信息并按时向税务部门申报。

对于退役士兵的安置工作，政府也采取了“应退尽退”的原则。除了国家安置政策外，地方政府和企业还可以提供补助金和奖励机制，以改善退役士兵的待遇，并通过长期激励机制保证其职业发展。此外，政府还应根据退役士兵的岗位技能等级和再就业能力提供相应的经济补偿，确保他们更加顺利地融入社会。企业在招聘退役士兵时，同样享受税收优惠政策，如所得税减免，最大浮动比例可达50%。

总之政府通过税收政策支持残疾人和退役士兵就业是当前解决这一问题的重要途径。通过加强立法保障、强化政策落实和社会宣传，残疾人和退役士兵的就业情况有望进一步改善，最终实现社会公平与经济增长的双赢。

3.2.1.3　减轻企业为员工缴纳的社保负担

企业为员工缴纳的社会保险费已经成为企业用工成本上升的重要原因之一。我国现行的《社会保险法》所规定的“缴费”范围较窄，且缴费标准偏低，难以满足市场经济条件下劳动者对社会保险的保障需求。在当前劳动力市场供大于求的背景下，我国社会保险基金的收支面临赤字压力。为应对这一问题，国家及时出台了一系列政策，旨在降低社保费率、提高医疗保险费用标准，并将生育保险基金费率降至0.5%以下，以稳定就业和减少企业裁员。

面对经济下行压力加大、劳动用工成本上升以及社会保险覆盖面扩大的挑战，政府在新常态下推出了一系列调控政策。2016年，人力资源和社会保障部与财政部出台政策，进一步扩大了改革的范围，尤其是在养老保险领域，采取了更多的改革措施。此外，要扩大保险覆盖面，提高养老、医疗和工伤保险的衔接性，推进城乡居民社会医疗保险制度的统一化，并对城镇就业困难人员实行失业保险费率和养老保险费率并轨的政策。

失业保险费率已经分阶段逐步降低，在2017年稳定在了一个合理水平。养老保险和医疗保险作为保障劳动者退休后基本生活的核心制度，实行社会化管理模式，由用人单位和参保职工共同缴纳，确保劳动者享受同等待遇。我国目前已经初步建立了以社会保险和就业创业为主要内容的社会养老保障体系。截至2018年，企业享受到了近5 000亿元的政策红利，这为企业提高缴费比例、减轻员工负担和维护社会稳定提供了更大空间。

2019年，国务院出台了全面降低社会保险费率的计划，作为一项结构性减税措施，其核心目的是降低实体经济的运行成本，促进产业结构的调整和优化，推动经济社会持续、健康和稳定的发展。与以往的"降费"政策相比，这项计划具有长期性特征，减税力度更大，惠及范围更广泛。政府应继续高度重视减税降费工作，并持续优化营商环境，为企业减负增效提供必要的支持。从宏观和微观两个角度分析，减税降费可以通过以下路径实现：首先，提升社保统筹层次，健全社会保险体系；其次，优化税制结构，包括大幅降低养老保险缴费率等措施；最后，加强对中小微企业融资情况的监管，防止其资金链断裂。此外，政府还应加强对社保基金收支的监管，强化对管理人员和经办机构的风险控制。在落实这些建议的过程中，政府还需注意以下事项：第一，各地在向税务机关征收社保费后，不得私自收取历史欠费，防止变相加重企业负担；第二，应对社会保险基金实行动态监控，确保征收率合理调整；第三，整合城镇职工基本养老保险、新农保和城镇居民基础养老金体系，并逐步降低缴费率。

总之，建立多层次的社保体系，健全社会保障制度，不仅有助于推动产业升级和促进经济发展，也为维持社会稳定提供了坚实的制度保障。通过合理的社保缴费率和减税政策，政府和企业可以共同努力，实现经济增长与社会保障的双赢。

3.2.1.4　减轻特殊行业企业负担

技术创新是中国迈入新发展阶段的重要战略支撑，培育高新技术企业对于实现这一目标至关重要。为此，国家采取了多项措施，制定了一系列有利于高新技术企业和小微企业发展的税收支持政策。高新技术企业在享受税收优惠的过程中，不仅能够减轻财务负担，还能够加快技术创新和产业升级的步伐。

首先，针对高新技术企业，国家推出了多项增值税优惠政策。例如，进口仪器设备的免税措施，能够有效减轻企业设备更新和技术改造的负担，进而提高生产能力。其次，企业还可以享受研发投入的增值税抵扣政策，鼓励企业加大研发和再生产的投入。最后，出口退税政策进一步激励企业开拓国际市场，增强国际竞争力。在企业所得税方面，高新技术企业也享受多种优惠政策。比如，企业可以采用不同的方式计算所得税减免，或者延长亏损结转年限，这为企业的长期发展提供了更多的财务支持。此外，特定行业还享有针对性的税收减免政策，具体措施见表3-2。

表3-2　**高新技术企业所得税优惠政策**

政策类别	具体优惠措施	适用对象
增值税优惠	进口仪器设备免税；研发投入可享增值税抵扣；出口退税政策	高新技术企业
企业所得税减免	所得税减免计算方式多样化；延长亏损结转年限	高新技术企业
特定行业税收减免	特定行业可享专项税收减免政策，如集成电路、软件行业等	高新技术企业、特定高新行业
房产税减免	房产税减免政策	高新技术企业
城镇土地使用税减免	城镇土地使用税减免政策	高新技术企业

续表

政策类别	具体优惠措施	适用对象
小规模纳税人优惠	取消增值税一般纳税人确认条件；统一销售标准；小规模纳税人增值税税率降低	小微企业
所得税减免	增值税起征点提升至10万元；小规模纳税人所得税享受减免	小微企业
专项补贴和补助	鼓励科技创新和技术改造项目，企业可获得政府专项补助	高新技术企业、小微企业
社会保险费率降低	降低社会保险费率，减轻企业的用工成本	高新技术企业、小微企业
企业融资支持	政府和金融机构对中小微企业提供融资支持，降低贷款利率	小微企业
税收减免的延续和扩展	税收优惠政策的持续优化和扩展，覆盖范围不断扩大	高新技术企业、小微企业
高新技术企业认证优惠	通过高新技术企业认证的企业可享受减免税率，减免企业所得税和增值税	高新技术企业

与此同时，房产税和城镇土地使用税也实行了减免政策，进一步降低了高新技术企业的运行成本，帮助这些企业更快地孵化项目、实

现增长。国家对于小微企业的税收支持也同样重要。小微企业作为经济活力的重要来源，通过一系列税收优惠政策，政府帮助这些企业缓解资金压力，推动其可持续发展。这些政策不仅减轻了企业的税负，也为其成长和创新提供了更加有利的环境。总体来看，国家对高新技术企业和小微企业的税收支持政策体现了政府对创新驱动发展的重视。这些政策为企业的成长和技术升级提供了强大的支持，也为中国经济的高质量发展注入了新的动力。

中小微企业是推动经济增长和创造就业机会的重要力量，尤其在拉动内需、推动社会稳定与发展的过程中发挥着不可替代的作用。近年来，随着经济环境的变化，中国政府为中小微企业提供了多项支持政策，尤其是减税降费、降低社保缴费率等措施。这些政策有效激发了中小微企业的生产经营热情，减轻了就业压力，为经济平稳运行奠定了坚实基础。然而，在经济增速放缓、市场波动加剧的背景下，中小微企业的抗风险能力较为薄弱。因此，国家需要进一步加强对中小微企业的稳岗援助和扶持力度，以帮助它们应对不利的经济环境。其中税收优惠政策已经成为支持中小微企业发展的重要手段。近年来，国家多次出台针对中小微企业的普惠性减税措施，并逐步放宽了适用门槛。这些政策不仅有效减轻了企业的税收负担，还促进了中小微企业的稳健发展。自2014年以来，政府连续五次提高应纳税所得额限额，扩大了税收优惠的覆盖范围。这些举措显著提升了中小微企业的活力，推动了它们在国民经济中的地位和贡献。为了进一步优化税收政策的执行效果，政府应当精简企业税务申报程序，强化监督管理，确保减税降费政策得以全面落实。此外，还应建立健全纳税评估体系，加强税务稽查，确保企业合法享受税收优惠的同时，防范税收流失。通过这些综合措施，更多的中小微企业将能够获得持续发展的支持。中小微企业所得税优惠政策见表3–3。

表 3-3　　　　　　　　　**中小微企业所得税优惠政策**

文件	应纳税所得额（万元）	计入税额	应纳税率	实际税负	规模条件（工业企业）	规模条件（其他企业）
财税〔2021〕12号	≤100	12.5%	20%	2.5%	从业人数≤300，资产总额≤5 000万元	从业人数≤300，资产总额≤5 000万元
	100 < a ≤ 300	50%	20%	10%	从业人数≤300，资产总额≤5 000万元	从业人数≤300，资产总额≤5 000万元
财税〔2019〕13号	≤100	25%	20%	5%	从业人数≤300，资产总额≤5 000万元	从业人数≤300，资产总额≤5 000万元
	100 < a ≤ 300	50%	20%	10%	从业人数≤300，资产总额≤5 000万元	从业人数≤300，资产总额≤5 000万元
财税〔2018〕77号	≤100	50%	20%	10%	从业人数≤100，资产总额≤3 000万元	从业人数≤80，资产总额≤1 000万元
财税〔2017〕43号	≤50	100%	20%	20%	从业人数≤100，资产总额≤3 000万元	从业人数≤80，资产总额≤1 000万元
财税〔2015〕99号	≤30	100%	20%	20%	从业人数≤100，资产总额≤3 000万元	从业人数≤80，资产总额≤1 000万元

续表

文件	应纳税所得额（万元）	计入税额	应纳税率	实际税负	规模条件（工业企业）	规模条件（其他企业）
财税〔2015〕34号	≤20	100%	20%	20%	从业人数≤100，资产总额≤3 000万元	从业人数≤80，资产总额≤1 000万元
财税〔2014〕34号	≤10	100%	20%	20%	从业人数≤100，资产总额≤3 000万元	从业人数≤80，资产总额≤1 000万元

3.2.2 间接激励就业的减税降费政策

3.2.2.1 完善增值税制度

2008年，我国进行了增值税的结构性调整，将增值税从生产型税制转向消费型税制，并扩展至所有产业。这一改革大幅降低了企业的投资成本，推动了设备和技术的升级。然而改革在带来机遇的同时也带来了挑战。对于制造业而言，增值税的转型影响深远，部分企业利润出现下降，税收负担有所增加。但在试点过程中，制造业却是受益最大的行业之一，享受了相对较轻的税负。

总体来看，增值税转型后，制造业企业通过固定资产抵扣机制获得了新的发展契机，尤其是通过增加研发投入、推出新产品和服务，使固定资产成为企业获取竞争优势和提升利润的关键。然而企业在生产中如果以较低的价格购买固定资产，同时减少劳动力的投入，可能会导致固定资产折旧增加，进而降低经营效益。此外一些特定产品的生产过程也会导致固定资产折旧增加，影响企业的投资支出。同时，随着政策调整（如增加增值税税率、修改所得税优惠政策），企业的所得税负担有所上升，进一步加剧了失业问题，对社会就业带来了不小的压力。

在当前经济背景下，继续执行增值税转型政策并推动产业结构升级，必须慎重考虑其长期影响。在全球金融危机的背景下，扩大消费需求是应对危机的有效手段之一。然而从我国现行税制来看，增值税转型并未完全达到预期效果，反而加重了企业的税收负担。随着市场经济的不断发展和完善，传统税收政策已无法完全适应当前的经济需求，并可能对经济增长产生负面影响。为此，国家启动了结构性税收改革，围绕以下三个方面进行深入调整。

首先，国家多次调整税率和税基，改善了税制结构。在实施营业税改增值税五年后，国家进一步推进了结构性减税政策及配套措施的实施，降低了企业的总体税负。其次，国家全面推行“两个合并”，即将营业税与消费税合并征收，取消了对小规模纳税人的限制与优惠政策，简化了纳税环节，并将相关税收进行“三费合一”。第三，增值税彻底取代营业税，打破了两者并行征收的局面。这不仅减少了重复纳税，还简化了企业会计核算和财务管理的复杂流程。

相较于营业税，增值税因其可以规避生产和流通环节中的重复征税而具有明显优势，减轻了企业负担，优化了企业行为。在服务业和其他第三产业，增值税的抵扣链条推动了部分生产性服务业从制造业中分离出来，进而促进了经济的高速发展。然而对于一些劳动密集型行业而言，抵扣税额偏低，税收负担仍然较重。因此，针对这些行业，国家应继续推行增值税转型，降低税率，简并税率档次。目前，我国的增值税税率较高，普遍性不足，难以彻底解决重复征税问题。通过渐进式改革，将四档税率调整为三档（13%、9%、6%），有效降低了企业的税收负担。此外针对邮政、电信、现代与生活服务等技术密集型行业，国家允许在未覆盖的税率降低轮次中，按本期可抵扣进项的10%加计扣除，减少实际纳税额，进一步降低了这些行业的税负。小规模纳税人的认定标准也得到了放宽，增值税的适用范围扩大，增值税扩围改革的目标得以实现。在政策调整过程中，解除增值税一般纳税人确认条件以及上调销售标准至500万元，都降低了小规模纳税人的转型门槛，使更多企业能够享受较低的增值税税率。政策层面，我国在增值税改革上已经取得了显著进展。2019年，起征点由月销售额3万元提高到10万元，有效减轻了小微企业的税收负担，提升了企业的盈利能力。在未来，进一步优化税收政策，降低企业成本，仍将是促进经济持续健康发展的重要措施。

3.2.2.2　优化税前扣除标准

（1）研发开发费用方面

为了激发企业技术进步的热情，增加产业链价值，取消了对委托国外研究开发费用的扣减限制，并且加大了境内研发费用的加计扣除比例，同时拓宽政策覆盖面。研发费用加计和扣除政策见表3-4。

表3-4　**研发费用加计扣除政策**

文件	适用主体	形成无形资产	未形成无形资产	委托境外机构或个人
财税〔2018〕99号[114]	所有企业	研发成本加计扣除75%	研发费用加计扣除75%	实际发生额的80%且不超过境内部分的2/3
财税〔2015〕119号[115]	科技型中小企业	研发成本加计扣除50%	研发费用加计扣除50%	不可加计扣除

（2）固定资产加速折旧方面

为了提高固定资产计入当期支出的要求价值限额，单位价值低于限额的固定资产可单列成本费用。如果超过限额，则可以选择缩短年限或加速折旧。此外不同类别的固定资产享受优惠力度也有所差异。同时还减少了对优惠政策应用的限制，并在扩大适用主体范围等方面进行调整。企业在实际操作中可以根据需要灵活运用这些政策，并与其他相关规定相配合以达到最佳效果。固定资产加速折旧优惠政策见表3-5。

表3-5 **固定资产加速折旧优惠政策**

所属期范围	适用主体	用途	价值限额
2015年1月至2017年12月	四大领域中的小微企业	研发生产	100万
2018年1月至2018年12月	六大行业四大领域	研发生产	500万
2019年1月至今	所有行业	研发生产	500万

（3）职工教育经费方面

为进一步激励企业增加对职工教育培训的投入，提升职工的综合素质和就业竞争力，国家出台了一系列措施。这些措施包括将职工教育经费的税前扣除标准从企业工资薪金总额的2.5%提高至8%，为企业在职工教育方面提供了更大空间。同时，政府鼓励并支持各类职业培训机构的发展，并对国家重点认定的行业提供专项补助，特别是在集成电路、软件行业、航空空勤训练以及核电企业操纵员培训等领域，企业的相关培训费用甚至可以全额抵扣。这一举措有助于企业加大对职工培训的投入，提高技术水平，在增强企业竞争力的同时，也为职工的未来职业发展提供了有力保障。

3.2.2.3 规范涉企非税收入负担

明显的降费应该与大规模减税并行不悖。这种税收制度必须简明扼要，以便于良好操作，并实质性地减轻企业负担。从宏观层面来看，国家采取了一系列措施支持实体经济发展，其中“降费”政策是至关重要的一环。对于大多数民营经济而言，“降费”是长期工作。“降费”包括社保费等与住房相关的所有行政事业性费用、政府基金等。“降费”主要针对那些不符合产业政策和行业发展要求且不能直接带来经济效益的企业（如房地产开发项目），减少这些税款和收费可以有效减轻企业成本压力，并大幅度减少非税收入负担。除清理各类不合理收费外，还需逐步优化合理收费标准，进一步加大简政放权力度，取消与减税冲突事项，并逐步完善相关法律法规。同时需要规制某些不正当或不合理的“乱收乱罚”现象，如清理各项额外收费，并加强对违规收费、罚款和罚没款物征收等情况的监督检查力度。一方面削减行政事业性收费项目，从目前情况来看，除国家规定的一般行政性收费外，大部分行政性收费都属于政府基金、罚没等，并且大多没有纳入地方预算管理和会计核算体系。2013年中央确定了106项涉企行政事业性收费，到2020年仅剩32项，减少近70%。同时还存在许多不合理和不合规的收费事项。因此在未来一个时期内需要取消或调整与民生相关的某些税款。另一方面是下调部分政府基金征税标准（如重大水利工程建设基金、残疾人就业保障金等），这两个方面都将影响企业特别是大型国有企业和垄断行业。所有这些措施旨在为企业减负而非成为其发展中的绊脚石。此外，对部分行政事务性税款进行改革（例如物流、能源认证及其他服务类税款）。

3.3 促进就业的减税降费政策实践分析

就业是我国发展的根本基础，对于市场整体前景的期望反映在就业指标上。就业问题关系到国计民生、改革、发展和稳定大局，也影响每个公民的切身利益。从长远来看，就业状况是一国经济社会发展水平与人民生活质量的关键因素，保持就业稳定对于维护社会和谐稳定具有十分重要的意义。党的十九届五中全会提出实施积极财政政策与稳健货币政策，并将稳增长放在首要位置。为了促进就业，应该坚持扩大国内需求特别是消费需求，着力提高居民收入水平，加快完善社会保障体系以及推动产业结构优化升级。当前我国所面临的环境严峻而复杂，在这种情况下保证就业需要采取税收政策抓手等措施。为此我国陆续推出多项减税降费政策以促进就业，并初步建立起完善的就业体系，其中最重要的措施就是降低税率、减免税费等税收优惠措施。减税降费政策在促进就业方面发挥了决定性作用，但也产生了许多需要进一步解决并完善的问题。

为了更好地发挥减税降费政策对促进就业的积极影响，必须在优化税制结构和调整税收制度等方面作出更大努力。本书旨在研究中国的减税降费政策，并使其更好地服务于当前的经济社会形势，以期对有关部门制定更具针对性的政策提供帮助。本章节采用文献研究法和比较分析法相结合，在宏观与微观两个层面上分析减税降费政策对促进就业的影响。从减税降费的政策入手，梳理和概括了具体政策，并按三个角度进行分类：一是应对新冠疫情而出台的减税降费政策；二是赋予小型微利企业、落实高新技术企业减税降费；第三是针对不同地区出台的税收优惠政策鼓励中小企业创新创业并带动区域经济增长，以解决就业问题。

3.3.1 促进新冠疫情期间复工复产的减税降费政策

在新冠疫情的背景下，为帮助企业尽快恢复生产、降低税负，政府出台了一系列针对防疫物资生产捐献和小规模纳税人的减税降费政策。本书将通过具体案例，分析这些政策在疫情期间的作用和影响，探讨其对企业的支持效果。

新冠疫情对全球经济产生了深远的影响，尤其对小微企业和小规模纳税人产生了巨大冲击。为了减轻疫情给企业带来的财务压力，政府采取了一系列积极有效的财政和税收政策。例如，针对防疫物资生产、运输、捐赠等环节出台了多项优惠政策。同时，调整了小规模纳税人的增值税政策，降低税率、延长优惠期限，以帮助企业更好地应对疫情带来的挑战。

（1）防疫物资方面的税收优惠

对于进口的防疫物资，政府免除了进口关税、增值税和消费税，确保了防疫物资的充足供应。与此同时，企业新购置的防疫设备及设施，能够一次性计入成本，享受企业所得税扣除，并在增值税抵扣中获得返还，减轻了生产型企业的成本压力。

（2）防疫捐赠方面的政策

在疫情防控期间，企业和个人通过合理渠道进行的捐赠，享有全额税前扣除的政策。同时，企业无偿捐赠的物资不视为销售行为，从而免除了增值税负担。这一措施在疫情暴发初期，鼓励了大量企业积极参与防疫捐赠，提升了社会对疫情防控物资的支持力度。

（3）小规模纳税人税收政策调整

小规模纳税人作为疫情中的脆弱群体，享受了多项税收优惠政策。疫情期间，不仅湖北省的小规模纳税人享有免征增值税的政策，其他省份的小规模纳税人也享有减按征收率计征的优惠。税收优惠政策的实施期限多次延长，帮助小规模纳税人减轻了现金流压力，提升了抗风险能力。新冠疫情期间减税降费政策如表3-6所示。

表3-6　　新冠疫情期间减税降费政策

主题	政策文件	政策内容
对用于疫情防控的进口物资免征税收	财关税2020年第6号[116]	扩大免税进口范围，免征进口关税、增值税和消费税，支持防疫物资的供应
物资生产企业防疫政策	财税公告2020年第8号[117]	为扩展产能，企业新购置设备费用可一次性计入成本扣除；增值税增量留抵税额可足额返还；对于公共交通、生活服务收入，减免增值税
防疫捐赠政策	财税公告2020年第9号[118]	企业或个人通过合理渠道进行捐赠的现金或物资，全额扣除应纳税所得额；无偿捐赠物资不视为销售行为，免征增值税
个人所得税防控相关政策	财税公告2020年第10号[119]	防疫工作人员的临时性补助、奖金免征个人所得税；单位为个人提供的防护用品、医疗用品等不征收个人所得税，工资和薪金收入除外
疫情防控产品注册费减免	财发〔2020〕11号[120]	自2020年1月1日起，医疗器械注册费和药品注册费减免，航空公司享受民航发展基金的减免

续表

主题	政策文件	政策内容
湖北省小规模纳税人税收政策	财税公告2020年第13号[121]	2020年3月1日至5月31日，湖北省小规模纳税人不再适用高征收率，而是按照低税率计征增值税
小规模纳税人税收政策延期	财税公告2020年第24号[122]	小规模纳税人的税收优惠政策延长至2020年12月31日，继续减轻税收负担
小规模纳税人减税政策	财税公告2021年第7号[123]	税收优惠政策延长至2021年12月31日，湖北省的小规模纳税人继续享受减按征收率计征增值税的政策
2022年小规模纳税人政策	财税公告2022年第15号[124]	2022年4月1日至12月31日，适用3%征收率的小规模纳税人免征增值税，延续之前的减免政策以帮助企业渡过疫情难关

3.3.2 促进小型微利和高新技术企业就业的减税降费政策

3.3.2.1 小型微利企业

2022年财政部、税务总局、科技部发布了《关于进一步提高科技型中小企业研发费用税前加计扣除比例的公告》，政府针对科技型中小企业推出了更加有力的研发费用加计扣除政策。如果实际产生的研究和开发费用没有形成无形资产，则按照这些费用的75%进行加计扣除；如果形成了无形资产，则按成本175%进行摊销。这意味着企业可以通过计提研发费用来弥补当年的损失。在我国，首次建议把研发费用列为当期损益的资产，并予税前列支。该政策出台之后，许多小微企业都能享受到这个优惠，并获得新的发展机会。虽然对于小型微利企业而言，这一规定是莫大福音，使它们能够直接享受税收优惠政策，但在政策实施过程中仍需考虑可能存在的问题并引起足够的重视和思考。特别是在当前经济下行压力加大情况下，小企业要想保持较好发展态势，必须有效管理其税前加计扣除方面。对于小规模纳税人和微型企业，国家可以通过减税降费措施降低其成本支出，并给予适当的优惠政策，使其享受与大型企业同样的税收政策。在处理小型微利企业所得税折扣后问题时，年应纳税所得额从2014年的10万元增加到2022年的300万元，应纳税所得额减计百分比也由50%下降到12.5%，所得税优惠税率保持20%不变。小微企业减税降费政策见表3-7。

表3-7 **小微企业减税降费政策**

政策文件	年应纳税所得额	减按应纳税所得额比例	企业所得税优惠税率
财税〔2014〕34号[125]	≤10万元	50%	20%
财税〔2015〕34号[126]	≤20万元	50%	20%
财税〔2018〕77号[127]	≤100万元	50%	20%
财税〔2019〕13号[128]	≤100万元 100—300万元（含）	25% 50%	20%
财税公告2021年第12号[129]	≤100万元 100—300万元（含）	12.5% 50%	20%
财税公告2022年第13号[130]	≤100万元 100—300万元（含）	12.5% 25%	20%

3.3.2.2 小规模纳税人

根据《财政部税务总局关于进一步完善小微企业"六税两费"减免政策的公告》(2022年第10号)，自2022年1月1日至2024年12月31日，国家对资源税、城市维护建设税、房产税、城镇土地使用税、印花税（不含证券交易印花税）和耕地占用税予以免征。此外教育费附加和地方教育附加（简称"六税两费"）也将在50%的税额范围内予以减免。此政策调整旨在适应我国当前经济发展状况，缓解市场主体的税收负担，并通过减税措施激励企业继续稳步发展。

这一政策对于小规模纳税人、小型微利企业和个体工商户具有重要意义，尤其是在减轻企业税负、促进创新发展和支持企业恢复生产等方面具有显著效果。自2014年以来，国家已多次调整小规模纳税人税收政策，特别是增值税的免征和销售标准的提高，为企业提供了更多的优惠空间。例如，将月销售标准从2万元逐步提高到15万元，并扩大了减免的税种范围。这些政策为小规模纳税人带来了明显的利好，助力他们在经济复苏中获得更多支持。

在此次调整中，省、自治区和直辖市人民政府可根据本地区实际情况及宏观调控需要，对增值税小规模纳税人、小型微利企业和个体工商户实施"六税两费"50%减免的政策。这意味着企业在享受现有国家优惠政策的同时，还能够根据地方政府的具体实施情况，叠加享受税收优惠措施。该政策有效地降低了企业的运行成本，激发了市场主体的活力，尤其是在疫情后复苏过程中，对于推动小微企业的健康发展起到了积极作用。具体政策内容详见表3-8。

表3-8 **小规模纳税人减税降费政策**

政策文件	月销售额	政策执行期限	主要内容
财税〔2014〕122号	≤3万元	2015.1.1—2017.12.31	1. 减免教育费附加、地方教育附加、水利建设基金、文化事业建设费等 2. 对月销售额不超过3万元的纳税人免征增值税
财税〔2017〕76号	2万元-3万元	2018.1.1—2020.12.31	对月销售额不超过3万元的纳税人免征增值税
财税〔2019〕13号	≤10万元	2019.1.1—2021.12.31	1. 免征增值税 2. 在50%的税额幅度内减免“六税两费”
财税公告〔2021〕11号	≤15万元	2021.4.1—2022.12.31	对月销售额不超过15万元的纳税人免征增值税
财税公告〔2022〕10号	不限（未特别规定）	2022.1.1—2024.12.31	对符合条件的小规模纳税人、小型微利企业和个体工商户，“六税两费”按50%的幅度减免

说明：

1.“六税两费”通常指：资源税、城市维护建设税、房产税、城镇土地使用税、印花税、耕地占用税，以及教育费附加和地方教育附加。

2.上表中月销售额门槛的具体适用范围，可能因各文件衔接或地方实际执行政策而有所差异。

3.3.2.3 高新技术企业

为促进高新技术企业加大研发投入、降低技术研发相关的税收负担，国家出台了一系列政策措施，例如加计扣除研发费用等。这些政策不仅将研发费用的加计扣除比例从原来的50%、150%分别提升至

75%、175%，还扩大了适用范围，将科技创新型服务业和金融租赁公司等类型的企业也纳入其中。此外技术先进型服务企业可以享受15%的优惠企业所得税税率，并有机会基于服务业转型升级的政策申请更多优惠。

这些政策旨在推动经济结构的战略性调整与优化，提升国民经济整体素质，促进产业结构的合理化与高级化。通过支持企业进行技术创新和研发活动，国家希望进一步提高企业的竞争力和发展潜力，增强我国经济的自主创新能力。

此外境外研发费用也被纳入政策范围，允许企业在一定条件下将境外研发费用的80%计入国内研发费用，并享受加计扣除。这为全球化背景下的高新技术企业提供了更为灵活的税收政策支持，使企业能够更好地参与国际竞争并加速技术创新。具体政策见表3-9。

表3-9　　**高新技术企业减税降费政策**

政策文件	政策执行期限	主要内容
财税〔2015〕19号	自2016.1.1起	对无形资产研发费用进行加计扣除。无形资产尚未形成的，按实际发生额的50%加计扣除；无形资产已形成的，按成本的150%进行税前摊销
财税〔2016〕122号	2016.1.1—2017.12.31	符合条件的技术先进型服务企业在试点地区可享受15%的企业所得税税率减免
财税〔2017〕79号	自2017.1.1起	认定为技术先进型服务企业的，可享受15%的企业所得税减免

续表

政策文件	政策执行期限	主要内容
财税〔2018〕64号	自2018.1.1起	适用于企业所得税的优惠税率政策
财税〔2018〕99号	2018.1.1—2020.12.31	境外研发费用的80%可计入委托境外研发费，只要不超过本国合格研发费用的三分之二，企业可在企业所得税前享受加计扣除
财税公告2019年第68号	2019.1.1—2021.12.31（参考）	对无形资产研发费用进行加计扣除。无形资产尚未形成的，按实际发生额的75%加计扣除；无形资产已形成的，按成本的175%进行税前摊销

说明：

1.2019年之后，加计扣除比例不断提高（如由50%/150%提高到75%/175%），体现了进一步鼓励企业技术创新的政策取向。

2.具体执行时间在各文件或其后续修订公告中可能会进一步明确或延长，需结合当年度最新发布的税收政策文件执行。

3.3.3 促进特殊人群就业的减税降费政策

特殊就业人群的税收政策在中国的减税降费措施中起到了关键作用，特别是对于下岗职工、失业人员、贫困人口、残疾人、高校毕业生及退役士兵等处境不利的弱势群体。国家通过一系列政策，帮助这些人就业，更好地融入社会，为稳定就业和经济发展提供了有力保障。自改革开放以来，中国一直致力于推动经济发展与改善民生，并不断推出减税降费政策。这些政策不仅为经济增长提供了动力，也有效缓解了社会矛盾，促进了社会和谐。各地通过“双创”政策（大众创业、万众创新），为个体工商户、私营企业主等经营者提供了更多就业机会，同时帮助贫困家庭减轻负担，取得了显著成效。尽管国家出台了多项针对特殊就业群体的税收减免政策，但由于各类特殊人群的需求不同，政策实施的效果和覆盖范围还需要进一步完善，以更好地支持他们的就业和生存发展。尤其是退役士兵、高校毕业生、残疾人等弱势群体，他们在劳动力市场中的处境尤为不利。因此，国家加大了对这些群体的税收优惠力度，鼓励企业吸纳特殊就业人员，并提供补贴和税收减免。此外政策还注重支持农村贫困劳动力的转移就业、推动高校毕业生选择适合的就业岗位、落实城镇失业人员再就业补贴、健全社会保障体系以及为残疾人提供便利措施。未来，国家还需要持续关注特殊就业人群的就业问题，并制定更为完善的政策，以促进其更广泛地就业，增强其参与社会经济活动的能力。针对特殊就业人群的减税降费政策见表3-10。

表3-10　　**特殊就业人群减税降费政策**

政策文件	政策执行期限	政策对象	内容
财税〔2015〕77号	自2015.5.1起	重点群体	扩大就业优惠适用人员范围，将“失业登记满一年”调整为“登记失业半年以上”
财税〔2019〕22号	2019.1.1—2021.12.31	重点群体	在财税〔2017〕49号基础上，新增为纳入国家扶贫开发信息系统的建档立卡贫困人口，提供税收减免优惠
财税〔2014〕39号、42号	2014.1.1—2016.12.31	退役军人	对个体工商户实行3年内8 000元/年/户限额扣除。企业吸纳城镇失业人员后，每人每年可扣减4 000元，最长3年

续表

政策文件	政策执行期限	政策对象	内容
财税〔2017〕46号、49号	2017.1.1—2019.12.31	退役军人及优抚对象	将财税〔2014〕39号和42号文件中的营业税抵扣改为增值税抵扣，其他优惠政策标准不变
财税〔2019〕21号、22号	2019.1.1—2021.12.31	重点优抚对象	个体工商户每年可享受12 000元的税收减免，并可用于个人所得税免征、固定资产折旧等。企业吸纳特殊就业人员，每年每人可减免6 000元，最长可享受3年
财税公告2021年第18号	自2021.7.1起	残疾人	延长财政〔2019〕的税收优惠政策至2025年12月31日
财税〔2007〕92号	自2008.1.1起	残疾人	按支付给残疾人的实际工资的100%进行税前加计扣除，鼓励企业吸纳更多残疾人就业
财税〔2009〕70号	自2015.5.1起	重点群体	扩大安置企业范围，不再受所有制形式限制，适用于所有企业安置特殊就业群体

3.3.4 减税降费政策对就业影响的宏观评价

一方面，由于新冠疫情对国内市场的不确定影响和经济下行压力较大，我国相继出台了多项减税降费政策以确保经济发展基本盘、稳定就业水平等。另一方面，随着我国工业化和城镇化进程加快，对资源能源的需求将大幅增加。在此环境下，我国政府已推出多项稳增长举措来为经济平稳运行提供保障。然而在全球经济形势恶化的影响下，实体经济遭遇困境并导致企业成本上升、部分地区和行业处于停产或倒闭状态。因此，为达到高质量发展目标并维持经济持续增长，需要更多减税降费支持，并且这也是中小企业所面临的机遇与挑战。

当前全球主要经济体正遭受不同程度的冲击，并采取积极应对措施以确保其经济平稳运行。在这种情况下，我国也应该制定相应税收政策来促进中小企业和个人通过税收优惠政策获得便利服务，以促进经济增长。减税降费是行之有效的措施之一，有助于缓解中小企业融资难的问题。当前我国正处于全面建成小康社会和实施“十三五”规划承上启下的重要时期。政府工作报告显示，2021年新增减税降费约1.1万亿元，2020年新增减税降费约2.5万亿元，这些政策已经成功地减轻了市场主体经济负担并有效保证了“六稳”“六保”任务的顺利进行。在经济发展进入中高速增长阶段、就业形势比较严峻的情况下，需要进一步完善减税降费政策体系来实现稳就业目标。本书在分析我国经济形势及相关研究现状基础上论述了减税降费对缓解就业问题的意义，并强调了其在推动产业结构升级、实现可持续健康发展等方面所起到的积极作用。通过分析中国就业总量与结构数据可以看出，虽然经济已步入高质量发展阶段但仍存在着就业总量压力，但就业结构是随行业变化而变化的，且阶段性优化持续进行。因此减税降费政策可以带动就业增长并推动经济转型。2011—2021年GDP增长率与就业增长率见表3-11。

表3-11　　2011—2021年中国GDP增长率与就业增长率

年份	2011	2012	2013	2014	2015	2016	2017	2018	2019	2020	2021
GDP增长率	18.40%	10.38%	10.10%	8.53%	7.04%	8.35%	11.47%	10.49%	7.31%	2.74%	12.84%
就业增长率	0.12%	0.08%	0.06%	0.06%	0.04%	0.10%	0.25%	0.36%	0.44%	0.51%	0.55%

根据上表分析可得，GDP增长率和就业增长率存在一定关联。经济下行压力导致GDP增速放缓，但在疫情发生后，有效的经济刺激手段仍然带来了相当高的GDP增长率。2021年，尽管GDP增长率达到12.84%，已达到疫情前最高峰，但就业现状并未出现明显好转。事

实上，在2021年，就业增长率仍维持在0.55%水平。这说明我国政府采取的减税降费政策在拉动就业方面作用有限，并可能阻碍就业市场恢复和发展。因此，本书分析了减税降费政策促进就业作用弱化的原因。

3.3.5　经济发展水平影响就业政策效果

本书讨论了国际和国内经济面临的下行压力，以及就业对于稳定发展的重要性。在当前形势下，如何通过财政政策支持就业增长成为一个关键问题。实施积极的财政货币政策、加大对就业和民生领域投入已成为应对金融危机、实现经济复苏与稳定发展的重要举措。然而在我国经济转型升级过程中，结构性问题凸显，特别是小微企业扶持不够导致其融资困难、融资成本高等问题日益突出。因此在新时代，我国应积极发挥减税降费功能来破解中小企业融资难题，并提供良好外部环境。本书首先回顾了相关文献研究，并结合我国实际情况探讨了减税降费政策与就业之间的关系。分析表明，减税降费政策能直接促进特殊群体的就业，并间接刺激中小微企业发展，从而引领就业等功能路径。但是该政策效果受到当前经济发展现状制约。

本书主要分析了减税降费政策对于促进我国经济社会稳定发展和促进民生改善的重要意义及具体影响。理论分析表明，减税降费会使社会总福利水平下降，增加劳动者收入，缓解就业难问题，并给国家财政带来一定收入。因此在减税降费中如何起到政策作用是一个值得讨论的问题。在供给侧结构性改革大环境下，本书结合当前经济形势和实际情况，分析了减税降费对于经济增长效应的影响。我国实施减税降费政策的必要性在于扩大内需和刺激消费。该政策旨在激发市场主体活力，但在经济不景气的背景下，让市场重回上升时期需要时间效应的累积，使市场主体充分自信和良好发展也同样需要等待。由于我国目前仍处于社会主义初级阶段且市场经济发育程度还比较低，企业面临着诸多不确定性因素。为了更好地发挥政策功能，我们需要研究宏观经济形势与微观主体行为特征之间的关系。减税降费作为一项重要政策措施，需要与宏观经济波动相联系以产生预期效果并实现政策目标。

从经济学角度看，供需关系是指市场上各种商品或劳务供给与市场需求之比，在市场经济中由于供给与需求的矛盾运动而使全社会生产经营活动陷入不平衡状态。这要求我们不仅要关注供给而且要注意总需求。唯有建立在理性经济考虑之上的市场主体对经济发展的期望是好的，才会有更多人力物力资本投入，进而推动就业形成良性循环。我国经济结构不尽合理、产业结构失衡等原因导致劳动力资源在各产业间分配不均。近年来我国出台了一系列政策措施刺激内需拉动增长，但这些措施并未取得预期效果，反而导致大量失业人口出现。在此背景下，减税降费已成为促进社会和谐稳定、提高劳动者收入水平最重要的途径。因此在特殊的经济时期中，经济基础将影响减税降费政策对就业推动的效果。

（1）政策作用对象范围小，时限短

减税降费政策的重点是小微企业，这些企业在吸纳社会就业方面扮演着中坚力量的角色。因此政策具有较强的针对性，从免征增值税到免征六项税费等。在疫情特殊阶段，小微企业享受了大量的税收优惠，并且增强了市场发展信心。减税降费措施有利于刺激消费需求和投资需求，促进国民经济平稳运行。因此在新冠肺炎疫情期间，国家推出多项措施来减轻不同类型企业的负担，在拉动经济增长方面起到积极作用。随着疫情逐步好转和各地复工复产有序推进，减税降费措施效果逐渐显现，并为推动经济复苏作出巨大贡献。然而政策作用对象是有限制的，在当前形势下也会影响就业效应。疫情导致相当数量的大中型企业遭受经济波动冲击并不得不正视裁员等一系列问题，激发市场主体活力不能仅从市场主体方面下功夫，还需要扩大覆盖范围和结构性调整。因此，如何使减税降费政策更好地服务于实体经济发展成为当下政府所面临的一项重大课题。本书以税收与就业理论为主线展开论述，从中小企业角度出发，梳理现有文献并分析我国减税降费推行的现状及存在的不足，并在此基础上提出了一些建议与对策。虽然当前减税降费已成为各级政府宏观调控的重要手段，但由于各地经济发展状况千差万别，各地区对于政策落实情况仍存在差异。对特殊就业群体也应该给予相应的优惠政策支持。本书重点分析了减税降费对不同产业、农民工就业等具体影响，并分析了政策出台后是否稳定，以期为制定相关政策措施提供参考依据。目前减税降费政策期限在2~3年，在市场经济环境中企业所受到的影响是长期性的。如果短期政策只是在时间上没有延续，但有紧密的系统关联，则政策效应会得到保障。然而实际情况是政策间不连续，使得政策效应减弱。

（2）政策调整结构性失业能力弱

我国就业市场最大的问题是结构性失业。有学者认为劳动力供给和需求之间存在差异，是客观存在的正常现象。但大量的结构性失业使得供需两端的缺口更大。因此，我们必须高度重视并采取积极措施解决结构性失业问题。在当前我国经济发展阶段，结构性失业问题具有一定特殊性。由于产业结构变化和技术进步等原因，近年来我国出现了明显的结构性失业问题。如果只是供需两端存在差距，则根据以往宏观调控经验来看已经有相关政策进行解决。然而由于劳动力供给和劳动力需求不匹配导致的结构性失业，在短期内难以通过政策手段有效调控。同时由于劳动力供求两侧存在差异，产生的结构性失业问题更为复杂，需要政府和社会各方面共同治理才能达到预期效果。因此要从源头抓起改变就业平衡状态以减缓我国的结构性失业。从宏观层面来看，产权所有制与产业组织形式不合理是导致结构性失业问题产生的根本原因。解决结构性失业问题的主要手段是通过政策促进企业加大对劳动力资本的投入，长时间进行技能培训以提高劳动力素质和就业能力，并提高竞争力以更好地形成良性循环，从而创造高质量就业市场并为产业转型升级提供积极反馈。

3.4 减税降费政策与就业效应的理论分析与假设研究

3.4.1 减税降费影响就业数量的理论分析

在减税降费政策下，就业数量、微观经济主体选择和经济产业结构密切相关。因此，本书从理论和机制两方面分析了以上问题。第一部分探讨了减税降费政策对微观经济主体行为的影响，并通过研究不同要素禀赋条件下的劳动供求关系得出劳动力供求是影响企业生产经营活动最重要的因素之一。同时本书还补充了价格弹性与税负转嫁理论以更好地解释这些问题。第二部分则研究了减税降费政策在宏观层面的效应及机制。具体而言，该政策通过降低企业成本促进生产要素合理配置并实现社会总产出增长。本书运用面板数据实证检验其对微观个体决策行为的传导路径，并剖析了其在劳动者报酬水平提高、产业结构优化调整等方面起到的作用。最后本书还分析了减税降费如何通过改善就业结构来增加就业数量，并探讨了各行业就业人数相对分配情况，以反映个别产业乃至整个经济中就业数量变化的情况。

3.4.1.1 减税降费政策与劳动力供需

减税降费对劳动力供需的影响主要通过价格弹性和税负转嫁理论进行分析。这项系统工程不仅可以减轻企业税负，激发消费需求、改善投资效率以增强供给能力，还涉及优化税制结构、设计税收政策和完善配套改革等一系列问题。减税降费旨在提高劳动生产率，促进就业并增加劳动力供给，从而推动经济增长。该政策有利于减轻企业整体的税负水平，并将承担的税负分为劳动、资本和流转三个方面。

（1）社会保险费与劳动力供需

社会保险费在经济体系中可以被视为一种劳动税收，它对劳动力的供需关系有着重要影响。通过减税和降费，国家可以有效地调节企业对劳动力的需求和供给。社会保险基金的支出规模受到多重因素的影响，例如劳动者的收入水平、就业市场的状况以及社会保障制度的完善程度。企业为员工支付的劳动报酬以及其承担的社会责任大小，决定了社会保险基金的支出规模。在劳动力供给和需求具备弹性时，企业可以将部分社会保险费通过提高产品价格的方式转嫁给消费者，这样企业和员工共同分担了社会保险费。降低企业所需承担的社会保险费可以在一定程度上降低企业的劳动力成本，从而刺激企业对劳动力的需求。同时，随着劳动力市场供求关系的变化，企业的人工成本和用工总量呈现一定程度的增长。尤其在经济发展水平逐步提高的背景下，劳动者工资收入的增加使企业的实际工资成本下降，进而降低了就业风险。通过对我国各地区人均可支配收入水平的聚类分析，发现东部和西部地区均存在失业率较高的问题。降低社会保险费对劳动力需求的影响如图3-7所示。

在这种情况下，企业会主动调整其生产策略以适应市场变化。当企业承担全部社会保险费用时，尽管劳动者的需求量不变，实际工作时间却缩短了。在某些情况下，企业无法将其社会保险费完全转嫁给劳动者，此时减少企业所缴纳的社会保险费可以提高企业的生产效率。具体来说，替代效应使得企业在劳动成本降低的情况下，增加对劳动力的投资，减少资本投入，从而提升了对劳动力的需求。因此，从社会整体角度来看，减轻企业社会保险费负担能够有效促进就业，增加劳动力供给，并促进社会安定。社会保险和失业保险共同发挥作用，确保了社会的稳定与和谐。总之，减轻企业的社保费用不仅可以真正惠及民众和市场主体，还能够有效增加就业机会。

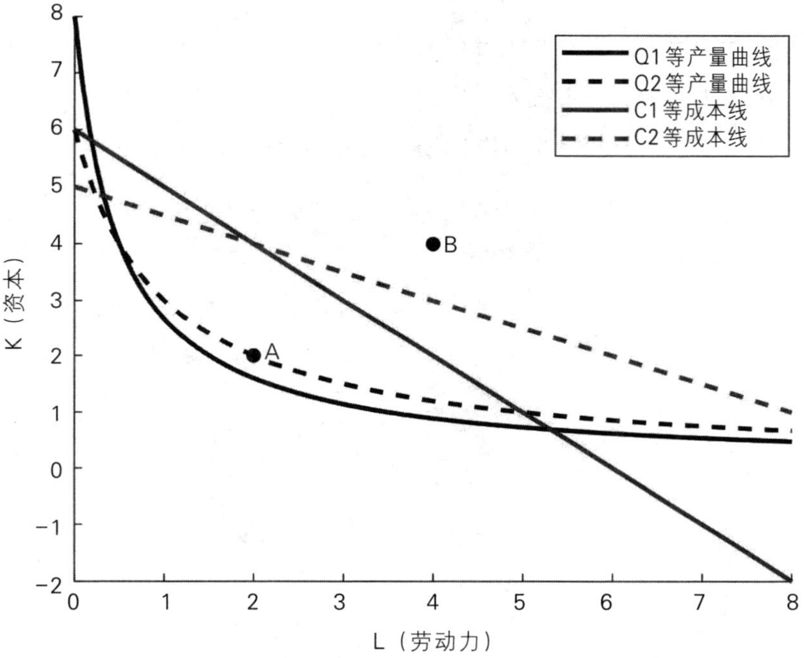

图 3-7　降低社会保险费对劳动力需求的影响

（2）企业所得税与劳动力供需

企业所得税是一种直接税，其特殊之处在于很难直接转嫁给消费者或劳动者。因此，为了追求利润最大化，企业通常会采取两种策略：一是提高销售价格，二是压低劳动者薪酬。然而这些策略对劳动力供给的影响较弱，企业所得税的主要作用在于影响企业的劳动力需求，从而间接对就业水平产生影响。

企业所得税在财政收入中占据重要地位。随着改革开放的深入和市场经济的发展，企业所得税收入逐年上升，但与此同时，这一税种也可能在一定程度上抑制就业的扩张。由于劳动力市场依赖价格机制调节，企业所得税的增加使得劳动者的工资成本相对降低，其就业效应体现在调节作用上。类似于社会保障税，企业所得税对资金和劳动力的相对价值产生影响，尤其是在资本密集型行业中，资本替代劳动的现象尤为显著。当企业所得税减少时，资本成本相对降低，企业可能更愿意通过增加资本投入替代劳动力，以提高产出效率和投资回报率。这一过程中，税收减免有助于提高劳动生产率，并在一定程度上促进就业扩展。然而在经济增长过程中，过度的资本投资可能导致企业效益下降、利润率降低甚至亏损。因此，制定企业所得税政策时，必须充分考虑行业之间以及企业内部的异质性，避免无效投资和过度负债。降低企业所得税对劳动力需求的影响如图 3-8 所示。

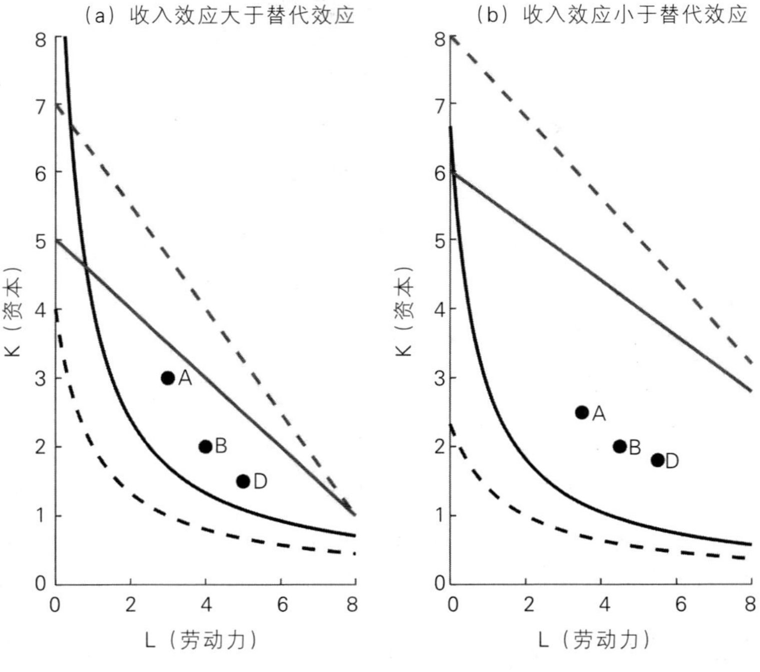

图 3-8　降低企业所得税对劳动力需求的影响

图3-8中展示了两种不同的情况：（a）收入效应大于替代效应时，减税促进了劳动力需求的增加；（b）替代效应大于收入效应时，企业偏向于使用资本替代劳动力，导致劳动需求减少。因此，税收政策的影响因行业不同而异。对于资本密集型行业，减税对就业的促进作用较弱；而在劳动密集型行业，减税对促进就业有显著的积极影响。

（3）流转税与劳动力供需

流转税主要是指增值税。理论上来说，流转税的税负可以全部转移到下一个环节，并最终变成消费者的真正负担。然而在实际情况中，受到收入效应、替代效应等因素的综合影响，劳动力供给会受到冲击。目前我国增值税税率偏低，看起来对企业的作用微弱。但是根据增值税相关法规的规定，企业必须通过销售商品才能抵扣进项税额。这意味着在商品从生产到消费整个过程中都需要支付一定成本，并且这些成本将被计入总成本之中。因此从某种意义上讲，增值税属于“价外征收”。由于我国目前实行的是生产型增值税而不是消费型增值税，它并没有发挥出应有的调节作用。例如当商品流通不畅时，其无法发挥纳税调节功能；相反地，如果商品流通受阻，其也不能起到调节作用。企业生产经营活动和商品流通之间存在千丝万缕的联系。如果商品流通受阻，则必然导致企业利润下降、资金周转困难、资金链断裂等问题，并最终使企业陷入财务危机之中。因此增值税的纳税链条是否畅通受商品流转的制约。如果没有商品的流通，则无法形成完整的增值税纳税链条。从本质上看，在增值税纳税链上存在两个环节即商品增值和商品流转过程。这两个方面都属于增值税纳税链范畴。

在现行的增值税制度下，商品购销双方共同构建了增值税纳税链条。实际情况是消费者在购买物品时实际支付价款含有增值税，企业制定价格时必须考虑到供求弹性等因素，否则就会打断其所处的增值税纳税链条，并且需要占用大量现金作为巨额现金支出，企业经营者们不得不背负沉重的负担。由于商品具有价值属性和使用属性两个方面的特征，生产和流通过程中都需要缴纳增值税。在我国现行税制中，增值税主要通过销售环节影响商品价格，并由增值税相关法规规范企业采购货物或接受劳务时的销项税额与进项税额之间的过渡。因此增值税不是一个单独的税种，而是一个独立的税种。在商品销售环节中，“价税合一”意味着销售成本包含增值税额；然而在现行法规下，消费者最终承担了全部税负。为获得最大收益，企业应该采取“价、税共征”的方式，即购买商品而非仅仅销售产品。增值税对生产和经营过程中的物资采用“价、税分离”，但名义上最后承担者为买方。企业可以通过价格对商品进行干预以获得更大利润空间并减轻其负担；同时也必须承担购买成本和储存费用。如果增值税能够真正体现公平原则，即使生产者得到更多利益，企业也可以减轻其税负。然而，企业不能将全部税负转嫁出去或侵占减税收益（除非是在非竞争卖方市场中），它们承担的增值税税负情况取决于商品供求是否具有弹性、定价策略以及政府政策等多种因素。

如果一个企业能够充分利用国家的减税优惠政策来降低成本或节约支出，则可获得较大的增值税下降空间。企业所实际承担的增值税费用上限为其所能承受的最高纳税额度，并不仅仅是由于增值税带来的损失或减少。这要求企业不仅需要加强纳税筹划工作，还必须提高其转移和转嫁增值税负担的能力，从而实现最大化利益。

本书从企业视角出发，利用我国上市公司的数据研究了增值税税负的转嫁和转移能力。通过分析增值税税负转嫁的动因，构建了基于供应链角度的增值税税负转嫁模型，并对我国上市企业的增值税税负进行测算。研究认为，销售链与供应链双方议价能力是影响增值税税负转嫁能力的主要因素。由于企业具有一定程度的议价能力，在销售价上升时仍可采取措施如提高销售额等来提高增值税税负转嫁率。此外在增值税较高行业中，其转移系数会更小。因此若企业具有强大议价能力，则易将其实际负担向下游环节和消费者转移以减轻自身压力。在考虑到不同行业、性质、规模及征管水平等因素后才可深入研究该机制。本书还分析了当前我国劳动价格上涨所带来的消极影响，并指出在销售链或供应链中不同环节及产品下，增值税作用各异。对于无法有效地将税负转移的公司，降低增值税税率有利于减轻实际税负、企业成本和提高盈利水平，从而扩大生产规模并创造更多就业机会。

为了创造更公平的税制环境，我国在2014年将“营改增”作为财税改革重点工程。如今，在经济稳定增长、推动现代服务业发展和带动就业等方面，“营改增”已成为完善税收制度、优化产业结构的重要举措。本书研究了“营改增”与产业结构变动之间的联系，旨在实现税收政策对于产业结构的规范和引导。该政策可以有效提高企业经营效率、降低税负水平并推动经济结构转型升级。“营改增”的实施使得我国的产业结构不断优化和调整，第三产业比重上升，并且是完善税制的重要举措之一，已成为我国税制结构的重大变革之一。尽管部分行业税负不减反增，但随着增值税扩围的同步进行，企业抵税链条趋于完备，重复征税的情况有所缓解。此外，在“营改增”政策推动下，现代服务类行业税负水平显著降低，包括传统服务行业如房地产开发企业、交通运输仓储和物流企业等。这些都表明“营改增”对现代服务类行业产生了显著的正面影响，并有助于该领域快速转型与结构调整。同时，“营改增”还能够有效缓解地方财政压力，对于当前阶段我国产业结构环境的优化升级具有重要意义。总之，“营改增”的实施可以减轻大多数企业的税负，特别是在现代服务领域处于领先地位时，促进了产业向生产服务型转变，进而影响了劳动力的需求规模和结构。同时，其也有利于企业自身管理水平的提升，并最终激励第三产业发展并提高整个社会的劳动生产率。一方面，从短期来看，“营改增”在促进现代服务业产业结构升级方面具有积极作用。因为该行业初始设备投资金额较大，“营改增”为其外购设备提供了可能性、原材料所付进项税额得以抵销，资本价格相对降低，引起了资本与劳动之间相对价格的变化。另一方面，服务业具有较强的吸纳就业能力，“营改增”促进服务业的高速发展，可以直接带动就业的增加。

3.4.1.2　减税降费政策与产业就业结构

产业升级对产业就业数量有着直接的影响，主要表现为技术进步和产业结构调整带来的就业结构变化，进而间接影响整体就业数量。随着工业化进程的加快以及新一轮全球科技革命的兴起，国际制造中心逐渐向新兴经济体转移，这使得我国面临越来越严峻的就业形势。为了确保我国经济的可持续增长，必须提高劳动生产率、优化产业结构以及提升人力资本质量。当前，我国存在着大量的失业人员以及结构性过剩的劳动力问题，这在一定程度上是由于政府过度干预和市场失灵所导致的。减税降费政策能够通过降低企业研发投入成本以及改善不同产业的相对收益，促进企业扩大劳动力需求，推动产业结构升级，将过剩劳动力转移到国家重点支持的行业，从而改善就业结构并稳定就业人口。

从减税降费促进技术进步的角度来看，虽然部分学者认为企业利用税收优惠政策进行重组和合并的情况存在，但总体上认为减税降费政策与研发创新能力之间存在显著的正向关系。技术进步带来的产业价值链升级对就业结构产生了重要影响。具体而言，所得税政策中研发费用的加计扣除，能够在以下两个方面发挥作用：首先，减轻技术创新的不确定性风险，加快技术进步；其次，通过降低研发费用的税前加计征收率减轻企业负担，促使更多的资本性支出，从而提升资本使用效率，增加经济产出并推动国民经济的增长。

此外，减税降费政策能够有效激励企业增加研发支出，从而获得更多的经济利益。第4章将进一步分析我国制造业在减税降费背景下竞争力的提升。总体来看，减税降费政策对于增强企业创新能力、推动产业价值链升级发挥了显著的作用。尽管在短期内技术创新可能不会直接增加就业岗位，但从长远来看，其能够提高劳动生产率，促进传统产业的复苏，并催生新兴产业和就业机会，如在线教育、营养咨询等行业。因此，政策制定者在推动减税降费的过程中，必须综合考虑经济增长方式转变和产业结构升级对就业结构的影响。

在具体的政策实施过程中，政府应当通过减税降费来促进产业结构升级，并通过差异化的政策来调整劳动力就业结构。虽然减税降费政策会通过改变要素禀赋结构和生产效率间接影响劳动力就业，但其不会直接改变就业结构。不同产业享受的减税降费力度不同，导致在利益差异的驱动下，劳动力流向收益较高的产业，从而引发就业结构变化。如果“挤出效应”小于“吸纳效应”，减税降费将有助于稳定和扩大整体就业；否则，将会带来相反的效果。因此，我国应当积极推进结构性减税政策的实施，并推动劳动密集型行业向资本密集型行业的转移，提升吸纳就业的能力。

传统观点认为，劳动密集型产业是就业岗位的主要来源。然而，在经济结构转型升级以及新技术革命的背景下，劳动密集型产业正在经历较大的调整，其中新兴产业成为吸纳就业人数增长最快的领域之一。相比之下，传统产业在供给侧结构性改革的背景下，新增岗位创造能力逐渐减弱，减税降费政策难以有效激发其雇佣规模扩张。由于技术进步提高了劳动生产率，现代劳动市场呈现出新的特征。因此，有必要对传统观点进行反思，并通过优化升级来适应新的市场需求。

从世界各国的经验来看，人力资本是推动经济增长的重要因素之一。在技术密集型行业中，税负较低并不会不利于社会就业，这一观点忽略了时间滞后的影响。因此，需要进一步研究我国各行业之间就业状况的差异及其影响因素。从短期来看，劳动力的素质结构尚不能完全适应技术密集型产业的发展。尽管减税降费政策的出台会对技术密集型行业产生一定的“排斥效应”，但技术进步仍是推动国家经济增长的重要源动力。因此，在政策实施过程中，必须在稳定就业和提高经济增长之间寻找平衡点。

从长远来看，技术密集型产业的优化升级能够显著提高劳动要素的生产率，并带动就业增长。随着我国人力资本投入和教育水平的提高，技术密集型行业也将提供更多的就业机会。然而，由于知识更新速度的加快，就业结构的调整落后于产业结构的调整。为了有效应对当前经济增速下行的压力，减税降费政策可以在推动产业升级的过程中，为经济的长期可持续发展提供动力。减税降费、产业升级与就业数量的影响机制，如图3-9所示。

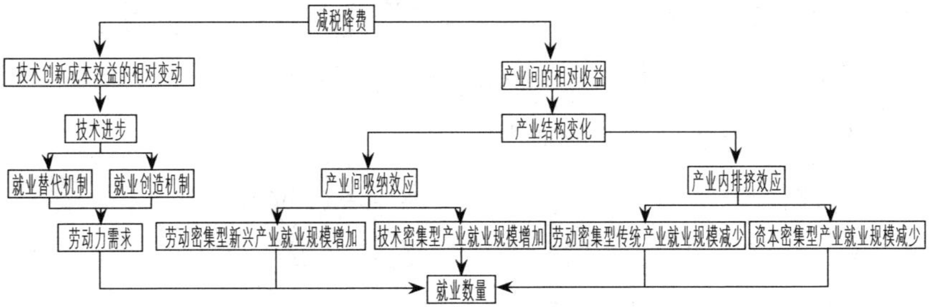

图3-9　减税降费、产业升级与就业数量的影响机制

基于以上分析，本书提出如下假说：

（1）假设3a：在其他条件不变的情况下，劳动密集型产业的税收负担率与就业数量呈负相关。

（2）假设3b：在其他条件不变的情况下，资本密集型产业的税收替代效应大于收入效应，会部分抵消减税降费政策对就业的正向推动。

（3）假设3c：在其他条件不变的情况下，技术密集型产业的税收负担率与就业数量呈负相关。

3.4.2 减税降费影响就业质量的理论分析

3.4.2.1 社会保险费对就业质量的影响

关于非正式就业中的劳动供给问题，企业缴纳各项社会保险费对职工实际工资有着重要影响。虽然企业承担着各种税费，但只有社会保险费对非正式就业劳动供给量影响较大。与正式就业者平均工资不同，企业缴纳社保的比例并不相关。当企业将社会保险费转嫁时，员工实际收入与所承担的社保费水平呈负相关。此外，提供社会保障服务也可能导致“劳资纠纷”，进而引发群体事件。税务部门的征缴制度严格，有效遏制了偷税逃款现象的发生。因此，企业选择向员工转嫁其应支付的社保费，并最终选择雇用那些能够承受上涨后的实际收入可能有下降风险的人员。这种行为打击了劳动者寻求正式就业机会的积极性。国家可以通过减轻企业承担的社会保障责任，并通过适当提高员工实际薪酬来确立合法权益和创造更多机遇，以吸引更多的人加入正式就业行列。随着社会的劳动分工越来越细，职工的薪酬待遇也应逐步提高。因此，正式就业劳动力供给与社会保险费呈反向变化关系。

征收社会保险费对非正式就业劳动力需求产生影响，社会保险制度促进了劳动者从事非正式就业活动的趋势。在我国，由于社会保险制度和正规部门之间存在着不同程度的矛盾关系，因此，两者之间出现了“替代效应”。从理论上讲，在正规部门和非正规部门之间存在着转移支付问题，即通过转移支付来解决两者之间的矛盾，并达到促进经济发展的目标。因此，在分析我国社会保险制度与非正式就业关系时，本书将这两个方面联系起来进行探讨。研究发现，如果开征社会保险费，可以减少企业雇用员工所需支出的成本，并增加企业雇员的人数。对非正规部门而言，缴费率越低，越容易吸引更多的劳动力。然而，对正规部门而言，高额的社会保险费是其员工需要承担的成本支出，当社会保险费过高时，则可能导致企业聘用非正式员工，并签订临时就业合同。由于企业在组织中处于核心地位，其可以获得政府的支持，因此，在缴纳社会保险费时，企业也需要考虑到这一点。对非正规部门而言，其具有量大、面广、体积小等特点，给有关部门查证是否达到社会保险费相关规定带来了困难；加之法不责众、众口皆碑等原因，相对正规部门而言，其更容易出现不缴纳或少缴纳社会保险费的现象。为了避免缴纳沉重的社会保险费，企业通常选择成为非正规部门。

从这个意义上讲，社会保险制度和非正式就业之间存在一定程度的矛盾和冲突。首先，在我国劳动力市场上，非正式就业者占据较大比例，我国劳动力市场仍处于初级阶段，并且具有流动性大、不稳定等特征，我国目前仍然存在非正规部门，随着经济的发展和社会分工的细化，非正式就业人数将会越来越多。其次，社会保险缴费率相对较高，社会保险成为一个重要的社会保障项目，然而，当社会保险费过高时，则不利于减少对非正式就业劳动力的需求。

3.4.2.2 企业所得税对就业质量的影响

企业所得税对正规部门和非正式部门之间工资差异的调节作用在开放经济系统中十分重要。企业所得税降低了正规部门在生产过程中的投入成本，导致劳动生产率下降，同时也削弱了其对非正式劳动的吸收能力。此外，企业所得税还会影响企业的利润水平以及纳税人的行为。因此，从长期来看，降低企业所得税有利于提高产出增长率，并促进从非正式到正规部门的转变。减轻企业所得税可以使正规部门获得更高的投资回报收益，并促进经营效益的提升。然而，在实施减税政策后，可能会发生偷逃税现象，导致企业在权衡利弊之下会逐渐趋向关注经营效率并扩大经营规模。此外，降低企业所得税可以使劳动力市场信息搜寻成本和交易成本下降，并增加兼职就业机会和增强竞争优势。从某种程度来说，企业所得税对于改善就业质量具有积极作用，并可以促进资源优化配置和产业升级。

3.4.2.3　流转税对就业质量的影响

流转税构成企业与消费者的“税收楔子”，在流转税不能全部转嫁消费者负担的情况下，将增加企业成本。政府部门在社会和经济活动中发挥着最重要的作用，成为最活跃的那一部分，其主要作用在于提供劳动力资源，进行资源配置。为了保持企业生产力处于正常水平，正规部门的正式员工比例将有所下降。正规部门减少对正式人员的依赖，则可以降低其生产经营需要。比如，降低流转税税负，如降低增值税税率，能够直接提高企业流动资金的支出，投放流动资金，可以实现企业技术升级、产品革新等，给企业的发展增添了新的动力，从而大大推动正规部门的发展和兴盛，继而推动了正式就业的扩张。

降低流转税税负能够使非正式劳动力市场更加自由地进行资源配置，从而推动正规部门的发展。因此，降低流转税税负有利于增加正规部门正规就业雇员的需要。同时，由于正规部门在劳动力市场中占据主要地位，其工作积极性也影响了正规部门对正式劳动者的吸纳。此外，小规模纳税人认证标准也有所松动，并加大优惠力度，将使更多的非正规部门所存在的小规模纳税人能够获得增值税优惠政策，推动非正规部门利用税收红利，并使其逐渐演变为正规部门。同时，流转税减免税政策能够降低非正式就业的成本，为其提供更多的就业机会，从而间接推动了非正式就业的扩张。因而，减轻流转税有利于减少非正式就业的规模，也就是说，流转税对非正式就业人数有着积极影响。

3.4.2.4　行政事业性收费对就业质量的影响

行政事业性收费是指国家行政机构征收的全部费用、事业单位和其他权力执行机关向正式部门强制收取的费用。在我国，行政事业性收费属于政府的一项重要职能，直接关系到人民群众的切身利益。根据我国相关法律的规定，各级人民政府及所属工作部门依法征收、管理和使用的经费都属于行政事业性收费，如教育集资、科技奖励基金、计划生育管理费、环境保护费以及其他罚没收入等。

近年来，随着经济与社会的不断发展，行政事业性收费逐渐增加。其中有一部分是非税负担项目，如交通规费、教育附加费、城市维护建设税、房产税等。这些项目不仅服务于社会，并且与地方经济发展息息相关。然而在此背景下，存在着大量的不合理因素：如果非税负担太重或过于复杂，可能导致营商环境恶化并促进非正式就业，因此，政府应从根本上对行政事业性收费进行调控，并将其纳入法治轨道，以约束和调整行政事业性收费活动。近年来，我国已经通过深化“放管服”改革等方式对不符合规定的涉企行政事业性收费进行了集中整顿清理，减少了正规部门经济主体制度成本并帮助吸引更多的优质企业扎根，拉动了正式就业规模。同时，通过合理划分中央与地方权力并将其纳入公共财政框架管理，也是一个很好的方法。另外，降低行政事业性收费标准可以推动实体经济发展，促进产业结构调整和提升，并增加社会总供给能力，以缓解市场供求结构失衡问题。因此在当前背景下，减少行政事业性收费具有重要意义：其可以降低企业负担、减少非正式就业数量，并有助于扩大有效需求。

非正式就业虽然能够降低失业率、拓宽原有就业渠道，但是劳动者的合法权益常常难以得到保障，不利于人力资源的持续性发展。非正规和正规部门均存在这种就业形式。非正式就业是指那些在社会上没有固定工作或收入来源、以自愿方式进行劳动并获得一定报酬的人员。因此，政府应该加强对非正式和正式就业者的扶持。在非正式就业人口中，非正规经济是重要组成部分，具有自身的独特优势，如促进经济增长、改善劳动条件和缓解失业压力等。提高正规部门对正式员工的需求和完善税收优惠政策，可以促进从非正规到正规的转变，并改善就业质量；减少劳动力市场交易成本、减轻企业税费负担，也可以吸引更多的劳动力并帮助企业吸纳更多的员工。通过提高教育培训投入来增加正规部门雇用人数，并通过提高报酬来激励其增加雇用数量；同时，鼓励企业进入正规部门，在提供劳务、信息咨询和管理咨询服务等方面获得收入，提高正规部门产出和劳动生产率。减税降费政策可以促进非正规经济扩大生产并逐渐步入正规部门，再扩大对正式就业人员的需求。

第 4 章

减税降费政策对就业影响实证研究

4.1 减税降费政策与就业数量的实证分析

4.1.1 样本选择及说明

4.1.1.1 样本期

本书通过构建动态面板模型实证考察了税收政策对宏观税负变动的影响。研究发现，在分析税收负担率与实际税率关系时，两者之间具有长期稳定的均衡关系。我国的税收负担率呈现先下降后上升再下降的趋势，并且其变化幅度较小。基于这一结论，进一步利用协同检验方法研究表明，结构性减税政策可以有效降低宏观税负水平。此外，通过脉冲响应函数分析得出，在短期内结构性减税政策能够促进宏观税负下降，但从长远来看，则会抑制宏观经济增长。相关文献指出，结构性减税政策在降低宏观税负方面效果并不理想。通过向量自回归模型实证结果显示，在我国宏观税负水平下降方面主要得益于结构性减税政策，但这并不意味着结构性减税政策就一定能够起到预期效果。因此，在当前经济增速低迷的大环境下，积极稳妥地实施结构性减税政策具有必要性和可行性。

本章主要概括了我国结构性减税政策存在的问题并进行原因分析。在经济迈向新常态的背景下，提出包括供给侧结构性改革在内的系列举措，结构性减税渐成潮流。我国政府一直致力于降低企业负担和提高税收效率，并认为税制设计与调整是实现这一目标的关键。党的十八届四中全会鲜明地提出，必须健全促进社会公平体制机制，包括优化税收制度等内容。2014年以后，开展全国试验并全面推行“营改增”，以及逐步推进全面减税降费政策成为我国的减税特征之一。作为我国重点进行的税制结构改革之一，减轻企业负担、提高资源配置效率是其双重目标。上至中央、下至地方，都积极响应国家号召，积极落实减税降费等各项措施。因此，减税降费不仅有利于降低企业税收负担，还可以提高资源配置效率。

我国是世界上人口最多的发展中国家之一，在面对巨大挑战和发展机遇时，政府应当继续推进结构性减税政策，并加强监管以确保其有效实施。在2016和2017年的《政府工作报告》中，减税降费问题引起了人们越来越多的关注。随着我国进入新时期，减税降费对促进实体经济发展具有重大而深远的意义。减税降费在供给侧结构性改革中扮演着重要角色，并且是一种落实方式。通过降低税率或减免税费等方式，能够为实体经济带来真正的利益。减税降费不仅是新常态下"稳增长"的措施之一，也成为解决社会矛盾、推动供给侧结构性改革不断深入的重要工具。因此，各级政府部门一直面临着如何有效地进行减税降费这一重大课题。

在当前情况下，减税降费已经成为我国宏观调控政策中至关重要的组成部分，在国民经济体系中，企业是最活跃、最有能动性和活力十足的研究对象之一，并且最先面临着由于减税带来的影响和挑战。在这种形势下，如何通过减少企业负担以促进企业更好、更快地发展，已经成为政府、学术界以及社会各界关注的焦点。降低企业税费负担，也成为我国近年来政府工作的基调。在这种情况下，减税降费呼声越来越高，并已逐渐形成共识，这将进一步推动我国宏观经济平稳运行。然而，减税过程对企业绩效产生了什么影响？减税对企业经营效率有何影响？随着减税力度的不断加大，其对企业经营绩效的影响程度如何？具体又有多大的差异性？本书选择2014—2019年作为研究样本年份，主要使用WIND数据库、国泰君安数据库和深交所中小板上市企业年报等数据来进行研究。

4.1.1.2 样本筛选

产业升级直接影响产业就业数量，这主要表现为技术进步和产业结构调整带来的行业间就业结构变化，从而对整体就业产生间接影响。随着工业化进程的加速和全球新一轮科技革命的兴起，国际制造中心逐渐向新兴经济体转移，我国面临着日益严峻的就业形势。因此，为了确保我国经济的长期可持续增长，必须提高劳动生产率、优化产业结构，并提高人力资本质量。

当前，我国存在大量失业人员和结构性劳动力过剩问题，这是政府过度干预和市场失灵的结果。减税降费政策可以通过改变企业研发投入的成本效益以及不同产业之间的相对收益，促进企业扩大劳动力需求，并通过结构升级推动产业内的劳动力转移，进而改善就业结构和稳定就业人口。

从减税降费促进技术进步的角度来看，一些观点认为，企业利用税收优惠政策进行重组和合并，而非研发创新[131, 132]。但大多数研究发现，减税降费政策与研发创新能力之间存在强烈的正相关关系[133 - 136]。技术水平的提升会带来产业价值链的升级，并对就业产生影响。在推动产业价值链升级的过程中，所得税政策中的研发费用加计扣除措施可以起到以下两个方面的作用：首先，其减轻了技术创新的不确定性风险，加快了技术进步的速度；其次，其通过降低研发费用税前加计征收率，减轻了企业的负担，促使更多的资本性支出，从而提高了资本使用效率，推动了经济增长并带动就业。

通过实证分析表明，全国的社会保险缴费率差异显著，东部地区的缴费率明显高于中西部地区。该结果表明，我国现行的社会保障制度尚存在问题，由于各地方政府对企业社保费缴纳率不满意，导致企业负担过重，并影响到劳动者的公平待遇等问题。

为了准确测度社保缴费率对企业产生的负担，本书建立了回归模型，分析了企业社保税率与社会平均工资增长率之间的关系，结果表明二者呈显著正相关关系。此外，本书通过数学模型计算出某段时间内的相对稳定值，评估企业承担的实际财务负担，并提出适合我国国情的制度安排，以反映劳动者的就业需求。

模型1：基础回归模型

$$\ln\left(staff_{it}\right) = \alpha + \beta_1 compre_{it} + \beta_2 control_{it} + \mu_i + \lambda_t + \epsilon_{it}$$

其中：

（1）$\ln\left(staff_{it}\right)$表示企业$i$在$t$年的员工数量对数。

（2）$compre_{it}$表示企业i在t年的综合税费负担率。

（3）$control_{it}$表示控制变量，包含公司规模、盈利能力、金融结构、人均工资等。

（4）μ_i表示个体效应，λ_t表示时间效应，ϵ_{it}表示随机扰动项。

该模型通过企业年报数据对基本养老保险、失业保险、基本医疗保险和工伤保险等项目进行分析，同时考虑了社会保险费的缴纳对劳动力需求的影响。

模型2：加入产业类型的影响

在模型1的基础上，考虑产业类型对企业综合税负与就业岗位数量的影响。该模型中引入了产业类型变量$soindus_{it}$，以及产业类型与综合税负率的交互项$soindus_{it} \times compre_{it}$。

$$\ln\left(staff_{it}\right) = \alpha + \beta_1 compre_{it} + \beta_2 soindus_{it} + \beta_3\left(soindus_{it} \times compre_{it}\right) + \beta_4 control_{it} + \mu_i + \lambda_t + \epsilon_{it}$$

其中：

$soindus_{it}$表示企业所属产业类型：当$soindus_{it} = 1$时，企业属于技术密集型产业；当$soindus_{it} = 0$时，企业属于其他产业类型。

控制变量$control_{it}$包括：企业规模（$asset_{it}$），用企业资产总额的对数值表示；公司盈利能力（$profit_{it}$），净利润占营业收入的百分比；金融结构（lev_{it}），负债总额占资产总额的比值；人均工资标准（$wage_{it}$），职工薪金总额与职工人数之比。

通过以上模型的构建，本书可以更加全面地分析减税降费政策对不同行业的就业结构的影响，并提出相应的政策建议。

通过上述分析，本书得出企业税收负担、社保缴费等对就业结构和企业经营效益的重要影响，并且这些分析为政策制定者提供了科学的决策依据。减税降费、产业升级与就业数量的影响机制框架，如图4-1所示。

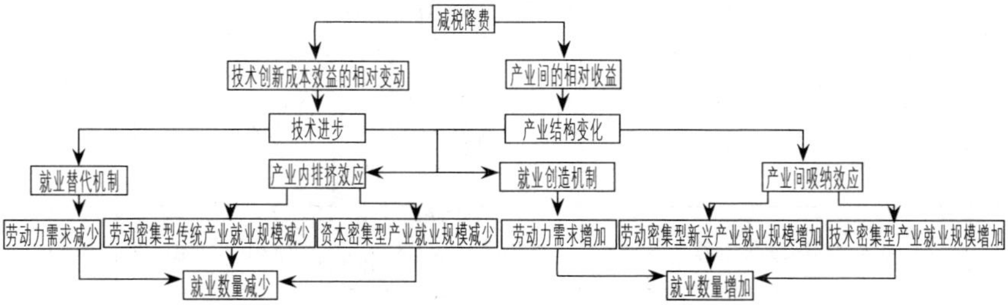

图4-1 减税降费、产业升级与就业数量的影响机制框架图

4.1.2 总体视角：减税降费政策对全体样本就业数量的影响

4.1.2.1 描述性统计分析

在对717家样本企业的分析中，企业就业人数的对数均值为7.75，最大值为12.34，最小值为2.83，两者差异为9.51，反映出企业之间在提供就业岗位数量方面存在较大差距；中位数为7.66，表明大多数企业的就业水平较高，总体雇佣水平向右偏移。此外，企业平均综合税费负担率为0.05，与中位数一致，表明中小型企业的综合税费负担呈现近似正态分布。描述性统计分析见表4-1。

表 4-1 **描述性统计分析表**

变量	定义变量	均值	最小值	最大值	中位数	标准差
staff	职工总人数	4 287.75	17	229 154	2 116	9 880.49
lnstaff	职工总人数的对数	7.75	2.83	12.34	7.66	1.04
compre	综合税费负担率	0.05	0.03	0.55	0.05	0.05
ssr	社会保险费率（本期增加额/工资、奖金）	0.14	0.02	0.47	0.13	0.06
lnasset	资产总额的对数	22.25	18.28	27.91	22.04	0.98
lev	资产负债率（负债总额/资产总额）	0.42	0.01	4.60	0.39	0.26
lnwage	职工人均工资的对数	11.43	5.84	13.71	11.28	0.45
profit	净利润率（净利润/营业收入）	0.01	-51.67	24.25	0.06	1.42

虽然模型中已经包含了控制变量（如资产总额*asset*、资产负债率*lev*等），但企业在工资支付（*wage*）和盈利能力（*profit*）方面的差异仍然较大。这进一步表明，企业规模、财务状况以及社会保险费的实际缴纳率均存在显著差异。同时，社会保险费的实际缴纳率（*ssr*）差异较大，表明各企业在综合税费负担和社保缴费方面的执行情况不一。

表 4-2 显示了样本企业在不同产业类型中的分布情况。其中，第二产业企业数量最多，其次是第三产业，第一产业企业数量最少。在三大产业类型中，劳动密集型企业、资本密集型企业、技术密集型企业的分布比较均衡。

表 4-2　　　　　　　　**中小板企业产业类型分布**

公司类型	劳动密集型	资本密集型	技术密集型	总计
第一产业	7	4	0	11
第二产业	212	170	179	561
第三产业	60	36	49	145
总数	279	210	228	717

4.1.2.2　相关性分析

在构建回归模型之前，本书对主要变量进行了简单的皮尔森相关性检验，部分结果见表 4-3。可以看出，就业规模（*lnstaff*）与综合税费负担率（*compre*）之间呈负相关关系，与社会保险费率（*ssr*）同样呈一定程度的负相关性；企业规模（*lnasset*）与就业规模显著正相关，人均工资（*lnwage*）也与就业规模呈正相关，但相关系数相对较低。这与理论预期大体一致，但需要进一步利用多元回归来剔除其他因素干扰，以验证这些变量之间的真实因果关系及方向。

表 4-3　　　　　　　　**主要变量相关性分析结果**

变量	*lnstaff*	*compre*	*ssr*	*lnasset*	*lnwage*	*lev*	*profit*
lnstaff	1	−0.143	−0.196	0.663	0.215	0.012	0.066
compre	−0.143	1	0.168	0.129	0.070	0.018	0.178
ssr	−0.196	0.168	1	0.074	0.162	0.036	0.021
lnasset	0.663	0.129	0.074	1	0.166	0.243	0.022
lnwage	0.215	0.070	0.162	0.166	1	0.043	0.011

注：此处仅列示部分核心变量相关系数；显著性未在表中标注。

可以初步判断，综合税费负担率越高时，就业规模可能会受到抑制。然而，由于社会保险缴费率与就业规模在相关性分析中可能存在

“一方面增加用工成本，另一方面促进合规用工统计”的双重作用，因此需要通过多元回归和进一步稳健性检验来剖析其净效应。

4.1.2.3 全样本估计实证结果

减税降费政策的就业效应主要体现在减轻企业的税费负担、增加就业机会及提高企业运营效率等方面。为了实证检验减税降费政策对就业质量的影响，本书通过建立回归模型，探讨了综合税费负担率和社会保险实际缴费率变动对就业数量的影响。模型的核心变量包括企业综合税费负担率、社会保险缴费率，以及其他影响就业的控制变量，如企业规模、劳动者平均工资、财务结构等。结果显示，减税降费政策对就业数量的影响显著，并且为评估政策的执行效果提供了有力的实证依据。

表4-4中列出了回归分析的结果。在第（1）、（3）列的回归模型中未加入社会保险缴费率（*ssr*）变量，而第（2）、（4）列的回归模型中加入了该变量。分析结果显示，企业综合税费负担率在各个模型中的系数均为负值，并且在统计上显著，表明减税降费政策能够有效减轻企业税费负担，进而推动就业增长。这说明减税降费政策对于缓解中小企业税费负担、增加就业数量具有重要意义。

进一步观察含有社会保险缴费率的回归模型结果（第（2）、（4）列），本书发现该变量的系数为负值，并且通过了显著性检验，说明较高的社会保险缴费率可能会对企业的就业规模产生抑制作用。加入社会保险缴费率变量后，模型的拟合度（R^2）有所提升，进一步表明社会保险缴费率对企业的劳动力需求具有重要影响。

在控制变量方面，企业规模与就业人数显著正相关，说明随着企业规模的扩大，企业能够提供更多的就业机会。此外，人均工资水平和就业人数之间的关系也较为显著，这表明企业支付较高的工资有助于吸引和留住员工。然而，财务结构（资产负债率）与就业人数的关系较弱，表明企业财务结构对就业影响有限。

值得注意的是，企业盈利能力虽然在模型中呈现正向影响，但其系数较小且不显著，说明企业的盈利能力对短期内的就业规模影响有限。

总的来说，本书的回归结果表明，减税降费政策对企业的就业增长起到了积极作用，尤其是在降低社会保险费负担方面，政策的影响尤为显著。政府应继续推动相关政策，以减轻企业负担，促进就业增长。

表4-4　　**变量之间的相关性分析结果**

变量	(1)	(2)	(3)	(4)
compre	-0.798***	-0.743***	-0.767***	-0.717***
ssr	—	0.214***	—	0.246***
lnasset	0.658***	0.648***	0.653***	0.643***
lnwage	0.334**	0.361**	0.341**	0.368**
lev	0.0924	0.107	0.0875	0.102
profit	0.0102	0.0105	0.0100	0.0104
常数项	3.067	2.377	2.883	2.199
行业固定效应	有	有	有	有
年份固定效应	无	无	有	有
R^2	0.417	0.427	0.418	0.429
样本量	4 302	4 302	4 302	4 302

注：***表示在1%的水平上显著，**表示在5%的水平上显著，*表示在10%的水平上显著，下同。

4.1.2.4 稳健性检验

为了验证前文回归结果的稳定性，本书进一步将投资水平作为解释变量引入模型，并构建一个包含投资水平的生产函数模型。通过我国工业行业的实证数据进行检验，研究发现，企业的投资水平与就业岗位的创造之间存在显著正相关关系。为了衡量企业的投资水平，本书采用了固定资产、无形资产以及长期支付现金与收回现金之差等指标。此外，企业绩效（*ROA*）则通过计算息税前利润与期末净资产账面价值的比率来衡量。

在加入投资水平和企业绩效等变量后，回归分析结果与前文的结论一致。减税降费政策仍然对就业产生积极影响，且企业规模、薪资水平等因素对就业数量有显著的正向作用。

表4-5列出了各个回归模型的具体结果。在第（1）、（3）、（5）列的回归分析中未加入社会保险缴费率变量，而第（2）、（4）、（6）列中则加入了该变量。结果显示，加入社会保险缴费率后，模型的拟合度有所提升，进一步验证了社会保险费缴费率对就业的负向影响。

表4-5 **减税降费政策对就业的回归分析结果（加入投资水平）**

变量	个体固定效应	个体固定效应	时点固定效应	时点固定效应	双固定效应	双固定效应
	（1）	（2）	（3）	（4）	（5）	（6）
综合税费负担率	0.795***	0.739***	2.675***	2.337***	0.763***	0.714***
	（0.327）	（0.325）	（0.314）	（0.332）	（0.348）	（0.347）
社会保险缴费率	—	1.215***	—	1.455***	—	1.247***
	—	（0.377）	—	（0.286）	—	（0.378）
企业规模	0.658***	0.648***	0.750***	0.748***	0.653***	0.643***
	（0.0588）	（0.0580）	（0.0246）	（0.0251）	（0.0654）	（0.0648）

续表

变量	个体固定效应	个体固定效应	时点固定效应	时点固定效应	双固定效应	双固定效应
人均工资	0.334**	0.361**	0.656***	0.686***	0.341**	0.368**
	(0.0916)	(0.101)	(0.0730)	(0.0782)	(0.112)	(0.123)
财务结构	0.0927	0.107	0.203	0.200	0.0878	0.102
	(0.0488)	(0.0516)	(0.0862)	(0.0879)	(0.0500)	(0.0515)
企业绩效	0.0102	0.0105	0.0446	0.0428	0.0100	0.0104
	(0.0152)	(0.0150)	(0.00971)	(0.00967)	(0.0153)	(0.0151)
投资水平	0.0292	0.0168	1.488***	1.386***	0.0306	0.0205
	(0.243)	(0.248)	(0.390)	(0.389)	(0.242)	(0.246)
常数项	3.069	2.376	1.325	0.752	2.882	2.201
	(1.334)	(1.418)	(0.622)	(0.670)	(1.888)	(2.007)
年份变量	无	无	有	有	有	有
行业变量	有	有	无	无	有	有
R^2	0.417	0.427	0.548	0.554	0.418	0.429
样本量	4 302	4 302	4 302	4 302	4 302	4 302

注：表中数值为回归系数，括号内为标准误差。

此外，投资水平的系数为正，且通过了显著性检验，表明企业的投资水平提高能够显著增加就业岗位。具体而言，企业通过增加固定资产和无形资产的投资，能够提升生产能力，进而扩大劳动力需求。

总体而言，本书的研究表明，减税降费政策通过减轻企业税费负担、鼓励投资以及扩大企业规模，对就业产生了积极影响。进一步的模型检验结果也表明，投资水平、企业绩效和财务结构等因素对就业数量有一定的影响。

4.1.2.5 异质企业样本估计

（1）产业类型企业样本估计

本书根据各产业对资本、劳动和技术的不同依赖程度，将企业划分为劳动密集型、资本密集型和技术密集型产业，采用人均资本和研发投入等指标作为衡量依据。通过标准化处理这些指标，并运用因子分析方法，得出了各细分行业的统计量及其相互关系。在表4-6中，列举了企业就业人数、综合税费负担率、社会保险缴费率等控制变量，结合不同产业的特点，分析了不同类型企业的劳动力需求差异。

表4-6 **不同产业企业的均值对比**

变量	*labor*	*capital*	*tech*	*labor vs capital*	*labor vs tech*	*capital vs tech*
staff	7.868	7.385	7.949	0.482	0.483	0.564
compre	−0.050	−0.053	−0.049	−0.003	−0.001	−0.005
ssr	0.133	0.148	0.129	0.014	0.005	0.019
asset	21.908	22.474	22.463	0.566	0.555	0.011
wage	11.270	11.436	11.606	0.166	0.336	0.170
lev	0.402	0.454	0.404	0.053	0.003	0.050
profit	0.029	0.051	0.019	0.022	0.048	0.069
样本量	1 674	1 260	1 368	2 934	3 042	2 628

表4-6的数据显示，技术密集型产业的平均就业人数最多，其次是资本密集型产业，劳动密集型产业的就业人数相对较少。尽管传统观点认为劳动密集型产业通常需要较多劳动力，但研究结果表明，资本密集型产业的劳动生产率较高，吸纳就业的能力相对更强。劳动密集型产业的劳动力需求虽然较大，但其劳动生产率相对较低，面临较

高的人力成本压力。技术密集型产业则受益于较低的综合税费负担率，特别是在高新技术产业方面，国家给予了更多的税收优惠支持，如企业所得税等税收减免政策，使得该行业的税费负担大幅减轻。这一现象在减税降费政策的实施背景下尤为明显。

表4–6展示了按要素分类的各产业类型的描述性统计结果，显示不同产业类型的企业在综合税费负担率、社会保险缴费率等方面存在显著差异。尤其是在劳动密集型产业中，劳动力需求较大，但其综合税费负担较高，而技术密集型和资本密集型产业的税费负担相对较低。表4–6的数据显示，技术密集型产业的平均就业人数较多，而劳动密集型产业的劳动力吸纳能力表现略弱。与此同时，资本密集型产业在降低综合税费负担的情况下，对就业数量的影响较为复杂。

通过回归分析，本书进一步验证了减税降费政策对不同产业就业数量的影响。表4–6总结了回归分析的结果，发现综合税费负担率的系数为负，减税降费政策的实施有效减轻了企业的税费负担，从而推动了就业的增加。特别是在资本密集型和技术密集型产业中，减税降费各种措施显著提升了企业的生产规模和就业岗位创造能力。值得注意的是，在技术密集型产业中，减税降费政策的替代效应明显，表现为企业通过减少税费负担，将更多资源投入到研发和技术创新中，进而扩大了就业规模。

表4–6进一步分析了按要素分类的不同产业类型在减税降费政策实施后的就业变化。具体而言，研究发现，在劳动密集型产业中，减税降费政策对就业数量的促进作用较弱。虽然该行业对劳动力需求较大，但企业的综合税费负担对其就业扩张的影响并不显著。这表明，劳动密集型产业的就业增长更多依赖于外部经济环境的变化，而非税收政策的直接推动。

在资本密集型产业中，减税降费政策对就业的影响较为复杂。虽然减税措施可以有效降低企业的税费负担，但资本密集型企业在扩大生产规模的同时，并未显著增加就业岗位。资本密集型产业的就业扩张受到资本替代效应的影响较大，企业在享受税收优惠的同时，更倾向于使用自动化设备和技术替代人工，导致整体就业数量的增加不明显。

相比之下，技术密集型产业在减税降费政策的推动下，表现出明显的就业增长。表4-7的回归分析结果显示，技术密集型产业的综合税费负担率与就业数量呈现显著的负相关关系，说明减税降费政策有效减轻了企业的税费负担，进而促进了就业岗位的创造。特别是在研发投入和技术创新方面，技术密集型产业受益于国家的税收优惠政策，进一步扩大了生产规模和就业数量。

表4-7　　**按要素分类的产业类型回归分析结果**

变量	劳动密集型产业	资本密集型产业	技术密集型产业
compre	−1.092***	−0.571**	−0.710**
ssr	1.905**	0.884*	1.301***
lnasset	0.686***	0.474***	0.735***
lnwage	0.447**	0.307**	0.380**
lev	0.0760	0.0541	0.217
profit	0.0115	0.0168	0.0076
R^2	0.49	0.45	0.51
样本量	1 674	1 260	1 368

本书通过对减税降费政策对不同产业就业影响的实证分析，得出以下结论：劳动密集型、资本密集型和技术密集型产业对减税降费政策的反应各有不同。减税降费政策在技术密集型产业中的效果最为显著，显著促进了该行业的就业增长。而在资本密集型产业中，尽管税

收负担降低，但资本替代效应的影响较大，导致就业扩张不如预期。劳动密集型产业虽然对劳动力的需求较大，但减税降费政策对该行业就业数量的直接推动作用较弱。

总体来看，减税降费政策在推动技术密集型产业发展、促进就业增长方面发挥了关键作用。特别是在高新技术产业中，税收优惠政策有效促进了企业研发投入，扩大了生产规模，提升了就业质量和数量。因此，未来政策制定过程中，应继续加强对技术密集型产业的税收扶持，推动中国经济结构转型升级，为更多的劳动者提供优质的就业机会。

本书通过对数据的深入分析，研究了不同产业类型的就业规模变化，探讨了减税降费政策对就业数量的影响机制。研究结果表明，减税降费政策对不同产业的影响具有异质性特征，尤其是在技术密集型产业，减税降费政策显著促进了就业增长，而对劳动密集型和资本密集型产业的就业促进作用相对较弱。

（2）不同所有制类型企业样本估计

从表4-8可以看出，企业控制权对减税降费政策的就业人数效应存在显著影响。总体而言，国有企业和民营企业都能有效地通过减税降费政策实现就业扩张，并且这种效果总体是正向的。在考虑企业间异质性时，估计值显示出不同所有制企业的税负效应差异。本书将样本分为国有企业和民营企业两类（剔除集体企业和外资企业样本，因为数量较少）。与民营企业相比，国有企业的综合税费负担率系数绝对值较小，且在统计上不显著。通过构建面板数据模型，本书实证分析了增值税税率、个人所得税起征点及个人所得税免征额对国有企业和民营企业税收负担的影响，并进一步检验了减税降费政策对不同所有制类型企业就业数量的影响。此外，在社会保险缴费率方面，国有企业相较于民营企业，社会保险缴费率的系数绝对值更低，且不显著。

表4-8　　　　　**不同所有制企业的回归分析结果**

变量	国有企业（1）	国有企业（2）	民营企业（1）	民营企业（2）
compre	-0.360	-0.422	-1.166***	-0.934**
ssr	1.219	1.194	1.569*	1.528*
lnasset	0.576***	0.594***	0.690***	0.664***
lnwage	0.324**	0.313**	0.648***	0.715***
lev	0.293	0.306	0.109	0.0806
profit	0.121*	0.127*	0.00837	0.00650
常数项	1.012	1.485	0.00929	1.297
年份固定效应	无	有	无	有
R^2	0.469	0.472	0.552	0.560
样本量	798	798	3 233	3 233

基于这些结果，本书分析了内外部环境下国有企业和民营企业雇佣决策的差异性。整体而言，尽管减税降费政策在国有企业和民营企业中都有效果，但民营企业的响应更为积极。国有企业对减税降费政策的反应较为迟缓，主要体现在调整劳动力成本和降低实际工资水平方面的能力较弱。相比之下，民营企业更倾向于迅速调整劳动力成本，以适应政策变化。造成这种现象的原因有以下几点：

第一，国有企业肩负着保障经济正常发展和维护就业稳定的社会责任，而民营企业则以利润最大化为目标。民营企业对成本变化的反应更为灵敏，当减税降费政策出台后，民营企业通过调整用工和扩展产能来提高利润，而国有企业由于社会责任的压力，反应相对迟缓。

第二，国有企业的产权关系较为清晰，规模较大，虽然这种结构有助于降低经营风险，但也限制了国有企业对政策变化的迅速反应能力。民营企业在产权和经营上更加灵活，因此在应对外部政策变化时表现出更大的调整能力。

第三，国有企业享有更多的财政支持。在政府往往通过财政补贴和稳岗补贴支持国有企业，这在一定程度上减轻了国有企业的成本压力。然而，民营企业通常难以获得这种财政支持，因此更加依赖减税降费政策的减负效果来进行扩张投资和增加雇佣规模。

第四，减税降费政策有效缓解了民营企业的融资约束。通过减轻税费负担，民营企业能够以较低成本进行融资，这使得它们在劳动力市场上更具竞争力和灵活性。相比之下，国有企业在融资渠道上占据优势，因此对税收政策变化的依赖较小。

第五，民营企业的规模较小，在雇佣决策上更加灵活。民营企业能够迅速调整用工模式，并能通过增加雇佣规模来提升利润，因此在减税降费政策下，其就业扩张效果显著。

综合以上分析可以得出结论，减税降费政策对民营企业就业扩张的效果更加明显，民营企业在面对政策变化时能够迅速做出反应，而国有企业的就业扩张相对迟缓。

总体而言，国有企业和民营企业在不同的外部政策环境下表现出了显著的差异。国有企业在减税降费政策下的综合税费负担率系数相对较低，而民营企业的综合税费负担率系数则较高，且具有统计显著性，表明民营企业的就业扩张反应更为积极。

通过对国有企业和民营企业的回归分析，本书得出以下结论：民营企业在减税降费政策的影响下，其就业扩张效果显著优于国有企业。民营企业更能灵活调整用工结构和生产模式，以应对外部政策变化。而国有企业由于社会责任较大，成本结构刚性强，反应速度较慢，因此就业扩张效果不如民营企业明显。为了进一步推动减税降费政策的实施，未来的政策制定应当针对不同所有制企业的特点进行差异化的扶持，帮助国有企业在政策实施过程中更好地释放其就业潜力。

4.1.3 结构视角：减税降费政策对各产业就业数量的影响

本书主要探讨综合税费负担对全样本企业就业数量及异质企业就业数量的影响，并检验不同税种与社会保险费各自对企业就业的作用。在中国经济步入新常态的大背景下，企业作为市场经济的重要组成部分，其经营表现直接影响国民经济的增长速度和质量。因此，政府实施的减税降费政策，特别是对增值税、企业所得税等的减免，以及社会保险费的降低，成为当前政策的重点方向。本书基于对流转税、企业所得税和社会保险费对劳动密集型、资本密集型和技术密集型产业就业结构影响的实证研究，构建了模型，并探讨了企业异质性在税制改革中的作用。

本书假设有效所得税税率（*CIT*）是衡量企业税负的关键变量。有效所得税税率定义为企业当年实际缴纳的所得税费用与利润总额的比率，它反映了企业在当年纳税期间的实际税负水平。由于有效税率能够直接反映企业的税收负担，因此在分析企业对减税降费政策的反应时尤为重要。高税率意味着企业利润较高，而低税率则反映出企业的利润水平较低。本书将有效税率定义为流转平均税费，即企业在单位时间内实际缴纳税费的百分比。通过比较不同产业间的有效税率差异，可以揭示出不同类型企业在税负上的异质性。

增值税作为我国的主要税种之一，因其中性特征和较高的税收效率，被广泛应用于不同产业之中。本书以2014—2019年为研究时间段，分析了不同企业的税负变化。研究发现，中小板上市企业的有效所得税税率普遍较高，但部分中小企业有效所得税税率相对较低。为探究企业财务信息披露质量对税负的影响，本书采用有效税率为自变量，建立回归模型分析公司治理对有效税率的影响。在控制了相关变量后，本书采用固定效应模型进行分析，并通过Hausman检验验证了模型的稳健性。按要素分类的产业面板分析回归结果见表4-9。

表4-9　　**按要素分类的产业面板分析回归结果**

变量	劳动密集型产业（1）	劳动密集型产业（2）	资本密集型产业（3）	资本密集型产业（4）	技术密集型产业（5）	技术密集型产业（6）
有效所得税税率	-0.0486 （0.0560）	-0.0384 （0.0568）	-0.0011* （0.0638）	-0.0062* （0.0657）	-0.250 （0.0696）	-0.220 （0.0711）
有效流转税税率	-1.062 （1.195）	-0.878 （1.346）	-0.500 （0.730）	-0.550 （0.748）	-2.000 （0.744）	-1.800 （0.763）
社会保险缴费率	-1.922 （0.647）	-2.031 （0.671）	-1.047 （0.464）	-1.069 （0.456）	-1.775 （0.616）	-1.822 （0.615）
企业规模	0.724 （0.0826）	0.683 （0.0875）	0.550 （0.0976）	0.540 （0.106）	0.719 （0.0867）	0.693 （0.0949）
人均工资	0.656 （0.115）	0.742 （0.144）	0.183 （0.0866）	0.191 （0.0991）	0.543 （0.0842）	0.613 （0.0939）
财务结构	0.108 （0.0969）	0.0899 （0.0953）	0.0094 （0.0670）	0.0168 （0.0712）	0.260 （0.0669）	0.236 （0.0688）
盈利能力	0.0306 （0.0117）	0.0285 （0.0130）	0.0111 （0.0019）	0.0112 （0.0021）	0.0370 （0.0203）	0.0332 （0.0217）
常数项	0.573 （2.158）	1.271 （2.606）	2.352 （2.172）	2.049 （2.558）	1.698 （1.884）	0.345 （2.315）
年份变量	无	有	无	有	无	有
R-sq	0.514	0.524	0.387	0.389	0.517	0.524
样本量	1 674	1 674	1 260	1 260	1 368	1 368

表注：

1.括号内为标准误（Standard Error）。

2.“有效所得税税率”等变量的具体定义，请参考本书正文。

3.“有/无”表示是否加入了年份固定效应（Year FE）。

4.“*”表示在10%的水平上显著。

表4-9显示，劳动密集型产业的回归系数为负值，这表明减轻流转税和企业所得税负担有助于该类产业的就业扩张，但效果并不显著。对于资本密集型产业，同样得出类似的结果。社会保险缴费率对就业的影响较为显著，且其回归系数在三类产业中最大，说明社会保险制度在缓解劳动力就业压力方面发挥着重要作用。总体而言，社会保险费对就业的直接影响有限，但通过降低劳动力成本的方式，能够促进企业雇佣更多员工。对劳动密集型产业而言，人力成本是主要的生产成本，而在资本密集型和技术密集型产业中，物质资本投入和人力资本的相对比重不同。通过减少社会保险费，企业能够有效减轻人工成本，从而稳定就业规模并促进就业增长。

在资本密集型产业中，企业所得税和流转税的回归系数为负值，表明减轻税负对就业产生了积极影响，但效果并不显著。通过对资本密集型产业不同行业的劳动投入比例及社会保险缴费率进行分析，发现企业所得税和流转税对劳动力供给产生了相反的影响。此外回归分析还显示出这两个税种增加了劳动力供给，这部分支持了假设3c，即综合税费负担率对资本密集型产业就业规模有正向影响。同时，企业所得税在资本密集型产业中的积极作用更为显著，表明通过减税促进资本积累和就业增长是有效的。

对于技术密集型产业，减税对就业扩张的效果更为显著。降低企业所得税、流转税和社会保险费能够有效增加技术密集型产业的就业规模。在社会保险费方面，技术密集型产业的实际缴费率明显低于当前水平，并且回归系数绝对值较大，说明企业的社会责任增加带动了就业数量的增长。政府通过减轻企业的税费负担推动劳动关系的协调发展，对缓解劳动力市场的紧张局面起到了积极作用。

本书通过构建面板数据模型，研究了不同税种、社会保险费负担对不同产业类型企业就业规模的影响。研究结果表明，社会保险费对就业有显著影响，尤其对劳动密集型产业的影响较大。同时，减税降费政策在资本密集型和技术密集型产业中也表现出促进就业的效果，尤其是降低企业所得税和社会保险费政策的效果更加显著。

4.2 减税降费政策与就业质量的实证分析

4.2.1 样本选择与说明

本书研究了中国31个省、自治区和直辖市在2008—2018年间的面板数据，探讨了增值税、企业所得税、行政事业性收费、城镇职工基本养老保险费与非正式就业率之间的关系。通过分析这些因素的变化，旨在揭示税收征管效率对非正式就业的影响机制，并利用动态面板数据模型考察各因素对非正式就业规模的影响大小和方向。所有数据均来源于Wind数据库和全国各地统计年鉴，经过标准化处理并剔除可能存在的异常值。此外，由于2012年开始我国逐步推行“营改增”试点政策，因此本书采用营业税与增值税之和来衡量流转税的影响。

研究减税降费政策对非正式就业的影响揭示了一个重要的结论：税费负担越轻，个体和企业参与正式就业的动机越强，非正式就业规模则相应越小。本书还发现，减税降费可以显著降低受教育年限、家庭抚养比等人力资本水平对个体就业选择的影响。基于这些结论，本书构建了以下面板数据模型：

$$infor_{it} = \alpha + \beta_1 cit_{it} + \beta_2 var_{it} + \beta_3 fee_{it} + \beta_4 ins_{it} + \gamma X_{it} + \lambda_i + \mu_t + \epsilon_{it}$$

其中：$infor_{it}$为第i省在第t年的非正式就业率；cit_{it}表示第i省在第t年的企业所得税收入与地区生产总值比值；var_{it}为第i省在第t年

的流转税（增值税与营业税之和）收入与地区生产总值比值；fee_{it}表示第i省在第t年的行政事业性收费与地区生产总值比值；ins_{it}表示城镇职工基本养老保险实际缴费率；X_{it}为控制变量，包含失业率、工资水平、经济增长等因素；λ_i为个体效应；μ_t为时间效应；ϵ_{it}为随机误差项。

学术界通常通过三个标准来衡量非正式就业。首先是企业内部的组织形式，如劳动契约、工作时间、社会地位等。劳动契约是其中最关键的标准，用来判断是否为正式就业。企业规模、性质及劳动合同是否存在都可以用来判断是否存在非正式就业。根据这一标准，未与企业签订正式雇佣合同但企业为其缴纳社保的员工通常被认为是非正式就业人员。

在我国，非正式就业率往往是通过未享受基本养老或医疗保险待遇的职工数量来进行估算的。为了避免高估非正式就业者的数量，本书将城镇职工基本医疗保险参保情况与未签订劳动合同的城镇劳动力进行比较，使用这一差异来代表非正式就业率（*infor*）。

控制变量包括：

（1）城镇失业率（*une*）：反映经济和社会就业状况。高失业率说明更多适龄劳动人口受到正规部门的排斥，因此更多人可能在非正规部门就业。

（2）城镇职工平均工资水平（*wage*）：反映正规经济部门的收入水平。工资水平高时，劳动者更倾向于选择正规就业。

（3）二三产业地区生产总值增速（*growth*）：反映经济发展水平。经济快速发展将促使更多就业机会出现在正规经济部门。

为了进一步验证以上模型，本书在数据处理中采用了动态面板数据模型，通过这一模型可以探讨减税降费政策对非正式就业的影响效果。研究结果表明，减税降费政策能够有效降低非正式就业的比例，提高正规经济部门的就业吸引力。这一发现为政策制定者提供了依据，说明减轻企业税费负担以及社会保险费负担，能够在提升就业质量、减少非正式就业方面产生积极影响。

4.2.2 实证检验结果

4.2.2.1 描述性统计

表4-10描述性统计提供了各项关键变量的统计信息，并展示了样本中非正式就业、企业所得税、流转税和社会保险费等指标的基本分布情况。通过表4-10，可以看出不同地区之间在各变量上的差异性，以及各地区的经济、社会状况对就业问题的影响。

表4-10 **描述性统计分析**

变量	定义	均值	最小值	最大值	中位数	标准差
infor	未参与城镇职工基本养老保险在岗职工人数占城镇职工总人数比例	0.360	0.055	0.877	0.362	0.159
cit	企业所得税收入与地区生产总值的比值	0.012	0.003	0.047	0.010	0.0104
var	流转税（增值税+营业税）收入与地区生产总值的比值	0.038	0.020	0.089	0.035	0.014
ins_{it}	城镇职工基本养老保险缴费率	0.237	0.101	0.510	0.237	0.063
fee	行政事业性收费与地区生产总值的比值	0.006	0.001	0.03	0.006	0.004
*gdp*2	第二产业地区生产总值增速（%）	10.697	7.7	22.7	10.483	5.131
*gdp*3	第三产业地区生产总值增速（%）	10.328	2.5	20.1	10.169	2.190
Wage	城镇职工平均工资对数	8.073	4.485	18.61	7.651	2.655
Une	城镇失业率（%）	3.416	1.21	4.57	3.485	0.640

非正式就业率（infor）的范围从5.5%到87.7%不等，平均为36%，中位数为36.2%。这表明我国各地区的非正式就业率存在较大差异。虽然全国的经济发展水平较高，但地理条件、历史文化、产业结构和制度安排的差异，导致不同地区的人力资本存量和就业状况不同。尤其在一些经济相对落后、产业结构单一的地区，非正式就业率较高，说明这些地区的正规就业机会相对较少，劳动者更容易从事非正规部门的工作。

企业所得税收入与地区生产总值的比值（*cit*）的平均值为0.012，中位数为0.01，最大值为0.047，最小值为0.003。这表明各地区企业对地方财政贡献不一，尤其在经济较发达地区，企业所得税收入相对较高。

流转税（增值税和营业税）收入与地区生产总值的比值（*var*）的平均值为0.038，最大值为0.089，最小值为0.02，表明流转税是我国税收结构中占主导地位的税种，在所有地区的税收收入中占据重要地位。

城镇职工基本养老保险缴费率（*ssr*）的均值和中位数均为23.7%，标准差为6.3%，这表明在城镇职工社会保障方面，各地区虽然有差异，但总体缴费率分布较为集中，接近正态分布。由于各地区经济水平、工资水平和社保政策的不同，城镇职工基本养老保险缴费率也表现出较大差异，最高缴费率为51%，最低为10.1%。

行政事业性收费与地区生产总值的比值（*gov*）均值和中位数同为0.006，但最大值和最小值差距较大，分别为0.03和0.001。这表明，各地方在行政事业性收费上的政策差异较大，反映了在“放管服”政策实施过程中，部分地区的推进力度存在明显差异。

在控制变量方面，第二产业和第三产业的地区生产总值增速分别为10.697%和10.328%，表明整体上我国的经济增速较快，特别是服务业和制造业对就业的带动作用较强。

城镇职工平均工资对数的均值为8.073，反映出各地区的工资水平差异较大。

城镇失业率（*une*）均值为3.416%，说明我国总体失业率较低，但在不同地区之间存在显著差异。

综上所述，通过对上述变量的描述性统计分析，能够看出中国不同省份在非正式就业率、税收负担、社会保险费率等方面存在显著的差异。这些差异源于各省份的经济发展水平、产业结构、政策环境等多重因素影响。因此，本书旨在通过进一步的实证分析，探讨减税降费政策和社会保障制度对非正式就业率的影响，以及这些政策的有效性和地区差异。

表4-10显示了各变量的统计分布，并为后续的分析提供了数据基础。

4.2.2.2 实证结果

根据表4-11第（2）（3）行的实证结果，流转税和所得税负担的降低明显促进了非正式就业的增加，并且这种效果在统计上显著。从区域来看，流转税和所得税负担与东部和西部地区的非正式就业具有显著的正相关性，但在中部地区未表现出显著正相关。这表明，虽然增值税在全国范围内影响非正式就业，但其作用因地区差异而有所不同。

表4-11 **不同地区非正式就业的回归结果**

变量	全样本	东部地区	中部地区	西部地区
流转税（增值税+营业税）	-0.475^{***}	-0.214^{*}	-0.515^{***}	-0.395^{**}
收入与地区生产总值的比值	（-0.103）	（-0.111）	（-0.182）	（-0.412）

续表

变量	全样本	东部地区	中部地区	西部地区
企业所得税收入与地区生产总值的比值	-0.337**	-0.223*	-1.040***	-1.216***
	(-0.293)	(-0.240)	(-0.587)	(-0.727)
行政事业性收费与地区生产总值的比值	-0.570***	-0.248*	*1.241***	-0.861**
	(-0.496)	(-0.499)	(-0.493)	(-0.600)
城镇职工基本养老保险缴费率	-0.282***	-0.493***	-0.452**	-0.750
	(-0.0993)	(-0.0917)	(-0.303)	(-0.131)
第二产业地区生产总值增速	-0.00201	-0.00106	-0.000273	-0.00272
	(-0.00136)	(-0.00186)	(-0.00228)	(-0.00228)
第三产业地区生产总值增速	-0.00471	-0.00279	-0.00571	-0.0206
	(-0.00317)	(-0.00319)	(-0.00528)	(-0.00499)
城镇职工平均工资水平	-0.0429*	-0.00941	-0.0972*	-0.0264
	(-0.0310)	(-0.0125)	(-0.0536)	(-0.0658)
常数项	-0.245	-0.265	-1.162*	-0.840*
	(-0.337)	(-0.173)	(-0.669)	(-0.401)
年份变量	无	有	有	有
R^2	0.105	0.149	0.168	0.708
样本量	341	341	132	77

注：“*”“**”“***”分别表示在10%、5%、1%的水平上显著。

流程税和所得税负担对非正式就业的影响不仅在各产业中表现出相同的效应，还随着地区经济发展水平的不同表现出不同的效果里，尤其在制造业和批发零售行业中影响最大。同时，生产性服务行业作为第二产业的重要组成部分，也受到了增值税扩展的显著抑制。在地区差异方面，传统体制影响较深、人力资本存量不足及第三产业发展滞后的中部地区，对增值税的依赖相对较小，而西部地区由于历史和地理环境的限制，产业结构不合理，对增值税优惠政策的依赖也较小。

增值税作为国家支持落后地区发展的重要税收工具，在促进地区经济发展、优化资源配置中起着重要作用。东部地区已成为增值税扶持的重点区域，但中西部地区对该政策产生了极大的依赖。在未来的税收体制改革中，政策制定者应重点考虑如何减轻中西部地区的税收负担。通过调整增值税政策，可以有效减少东部和中西部地区之间的税收差异，进一步缩小收入分配差距。特别是在东部地区，增值税的降低有助于推动经济增长，企业的生产规模逐步扩大，促进了人力资源需求的增长。然而这也带来了结构性劳动力短缺问题，并导致了隐性失业现象的加剧。与此同时，西部地区面临着更为严峻的产业结构调整和转型升级压力，必须加大财政支持以促进人力资本积累和提高劳动生产率。

东部和中部地区在非正式就业方面也表现出一些共同特征。例如，尽管东部企业提供了更好的员工福利以减少非正式就业，但区域经济发展的不平衡以及市场分割等因素，依然阻碍了企业在不同地区之间的转移。这种现象导致了东部地区的产业空心化问题，同时中西部地区的企业因劳动力成本上升和地方政策的不完善，面临着劳动力外流和失业率上升的困境。

对于企业所得税而言，实证结果未能显著证实其对非正式就业的影响。特别是对于小微企业和高新技术企业，企业所得税的减免未能显著降低非正式就业率。这表明，虽然我国近年来推行了降费政策，但其效果仍然有限，特别是在“降费”方面，政策对非正式就业的影响不如预期显著。在东部地区，行政事业性收费与非正式就业呈现显著的负相关关系，这可能是由于该地区营商环境相对优越，清单收费公开透明，促进了正规部门的扩展，降低了非正式就业率。

在城镇职工基本养老保险方面，研究发现其对非正式就业的影响在全样本和不同地区都具有显著的负相关性。然而西部地区的城镇职工基本养老保险缴费率最低，这意味着即使降低了社保费负担，该地区的正规就业增长也并不显著。这可能是因为西部地区社保制度执行不力，存在逃避缴费等问题。因此，仅靠城镇职工基本养老保险缴费率并不能有效促进西部地区的正规就业增长。

表4-11显示了流转税（增值税+营业税）收入与地区生产总值的比值、企业所得税收入与地区生产总值的比值、城镇职工基本养老保险缴费率、行政事业性收费与地区生产总值的比值等变量对各地区非正式就业的影响。

4.3 减税降费促进就业实证分析

4.3.1 模型设定、变量说明与数据来源

4.3.1.1 模型设定

本书旨在检验减税降费政策对就业的影响，并构建了固定效应面板回归模型进行实证分析。研究结果表明，减税降费政策在降低企业税负方面发挥了积极作用，但在提升劳动者就业率方面却存在一定的不足。这意味着当前的税制改革虽然在企业层面取得了一定的成效，但对于就业市场的正向激励作用仍有改进空间。因此，在经济新常态的背景下，进一步优化税制结构、提高劳动者报酬占比、深化税费改

革，对于促进我国就业水平稳步提高具有重要的政策意义。

不同产业之间的减税降费政策实施效果不一，这不仅导致了就业结构的调整，也体现出政策影响的区域差异性和时间滞后性。作为国家宏观调控的主要手段之一，税收对经济活动的影响具有广泛的现实意义，因此，深入研究减税降费与就业之间的关系，能够为决策提供更多依据。本书以“营改增”和“两税合一”政策为切入点，系统探讨了减税降费对劳动供给侧结构性改革的作用机理及传导路径。

本研究在文献研究[137]基础上，选择了29个省、自治区、直辖市（不包括港澳台地区、西藏自治区和新疆维吾尔自治区）的2011—2020年省级面板数据，采用宏观视角构建了包括政府支出和企业所得税在内的一般均衡模型，来讨论减税降费政策的最优规模及其存在条件。研究表明，在我国经济转型升级、改革深化以及新时代发展理念持续推进的背景下，探讨减税降费政策对劳动力市场需求的影响尤为关键。模型设计如下：

$$Emp_{it} = \alpha + \beta_1 Tax_{it} + \beta_2 Pgdp_{it} + \beta_3 Edu_{it} + \beta_4 Open_{it} + \beta_5 Indus3_{it} + \beta_6 Invest_{it} + \epsilon_{it}$$

其中：i表示省份，i取值为1，2，3，…，29；t表示年份，t的取值范围为2011，2012，2013，…，2020。被解释变量Emp_{it}表示就业效应指标，即各省、自治区、直辖市的就业参与率，其值等于就业人数与总人数的比率。核心解释变量Tax_{it}表示各地区的平均税费水平，即地区税费总额与地区生产总值的比值。控制变量包括：地区经济发展水平$Pgdp_{it}$、地区教育水平Edu_{it}、地区对外开放程度$Open_{it}$、第三产业结构$Indus3_{it}$及地区固定资产投资$Invest_{it}$。最后ϵ_{it}为随机误差项。

模型中的核心解释变量Tax_{it}代表税费负担的高低。减税降费政策的核心在于降低Tax_{it}的值，进而增加企业的税后利润，提高其劳动需求，带动就业增长。然而，实证结果表明，虽然在降低企业税负方面具有成效，但企业增加就业的动力依然不足。这可能是由于税费改革的时间滞后性及地区间产业结构的不同所导致的。同时，模型中考虑了地区经济发展水平 $Pgdp_{it}$、地区教育水平 Edu_{it} 和地区对外开放程度 $Open_{it}$ 等变量，这些因素对就业效应的影响也不可忽视。

从区域差异来看，东部地区由于经济发展较快，减税政策可能在短期内促进了就业增长；而中西部地区则由于产业结构、劳动力素质等因素的制约，减税降费的政策效果存在滞后性。第三产业结构 $Indus3_{it}$ 和固定资产投资 $Invest_{it}$ 的增加对于劳动力需求的带动作用尤为显著，这表明，产业结构的升级和资本投入的增加在提升就业水平方面起到了积极作用。

通过对减税降费政策的影响机制进行深入研究，本书提出了相应的政策建议。为了进一步增强减税降费政策对就业的促进作用，政策制定者应考虑优化税收结构，特别是减轻劳动密集型产业和中小企业的税负压力。同时，政府应加大对教育、基础设施建设和技术创新的投入，以提升劳动者的素质和企业的竞争力，促进各地区就业的均衡发展。

4.3.1.2　定义变量

本书基于国内现有文献关于减税降费对就业影响的经验研究，确定了以下指标：

（1）被解释变量

工作参与率（*Emp*）。为避免因就业绝对数大小而造成差异，本书选取区域年末总人口中就业人数的比例来代表地方整体就业水平。

（2）解释变量

税费水平（*Tax*）。该指标等于地区税费总额与地区生产总值的比值。

在减税降费中，税费是至关重要的因素，因此将本书其作为核心解释变量。

（3）控制变量

①区域经济发展水平以地区人均实际地区生产总值表示。

本书通过构建误差修正模型，分析了不同省份地区间失业率变动幅度及各区域内失业率变动速度对地区生产总值的短期和长期调整作用。

根据现有文献的研究结论，经济增长能够有效推动地区就业情况改善，因此*Pgdp*与就业情况可能存在正向关系。为排除异方差影响，本书使用自然对数来衡量以绝对数为指标的各地区人均实际地区生产总值。

②本书研究地区教育水平（*Edu*）的模型具有稳健性，能够反映各省份之间的差异。

因此本书提出了一种基于高等教育机会分布函数与人口年龄结构变化之间关系的预测方法。通过对各年龄段人群比重进行统计，可以得到今后十年我国各省市大学生人数，并采用该模型来预测全国及各省份毕业生人数。地区教育水平用普通高等学校在校学生人数来衡量。为消除异方差影响并使用绝对数指标，在本书中将普通高等学校学生人数取自然对数。优质就业机会将随着教育水平提升而增加，从而形成积极的就业市场。

③对外开放程度（*Open*）是一个衡量地区对外开放程度的象征指标。

本书使用地区进出口总额与地区生产总值的比值。

④第三产业结构（*Indus*3）包括两个方面。一是第三产业内部各行业之间以及与其他产业之间的关联程度，二是第三产业内部各个行业之间的相互联系及其所发挥的作用。衡量第三产业发展水平时，通

常使用第三产业增加值占地区生产总值比例、服务从业人数占全国从业人员比例、第三产业就业人数占就业人口比例等指标。目前学术界主要研究第三产业结构调整问题，但忽略了不同行业之间以及与国民经济其他部门之间的关系。因此本书考虑到转型升级可能对就业市场带来冲击而引入的新指标——第三产业结构指针，它不仅可以观察产业结构变动情况，还能反映出第三产业对于就业市场的影响程度。

⑤地区固定资产投资，是指用于购置、建造和改造固定资产的投资。该指标以地区固定资产投资额的绝对值表示，并通过对数处理进行数值计算。地区固定资产投资对当地经济发展具有重要影响，进而影响就业情况。

4.3.1.3　数据来源

本书所使用的资料全部来自《中国统计年鉴》和各省、自治区、直辖市统计年鉴[138]。近年来我国经济增长放缓导致就业压力加大，而产业结构是影响就业规模大小的重要因素之一。在这个背景下，本书以税收为出发点，探讨了税收对中国宏观就业量的影响机理及各地区税负差异产生的原因。目前国内关于税收政策与就业结构之间关系的研究成果较多，但主要集中于税制改革方面，并忽视了税收制度本身对于就业的影响。该研究旨在通过建立回归模型实证分析税收政策与就业结构之间的关系，并基于实证结果提出促进产业结构升级的建议。本书采用理论与实践相结合的方法进行研究，在经济增长理论和新古典经济学等相关理论作为基础上，从三个方面（即税收政策、就业结构和宏观经济）入手进行研究。本书选择以劳动力为因变量、以29个省、自治区、直辖市2011—2020年的数据为样本，以税收为自变量，检验了税收对总体就业量的影响，并兼顾了各地经济发展程度的不同。本书参照杨默如和尹淑平[139]的文献进行了数据时间间隔的选取。因为我国2011—2020年期间着重推出一系列减税降费政策，因此在宏观上选择以税收作为变量进行研究可以同时考虑到各地区之间存在一定的差异性。

本书通过构建计量模型，深入探讨和分析了不同税制结构下的宏观税负效应及其影响因素。为提高研究精度，本书采用面板数据模型进行实证分析，并运用固定效应模型与随机效应模型进行回归检验并对比验证结果。本书选取税收总额和人均税收收入作为主要宏观税负指标，并利用主成分分析法将所有影响因子综合成一个新的反映宏观税负的指标来建立计量经济模型。在数据处理时，本书采取多种方法消除绝对值指标的负面影响，包括删除异常值、去量纲优化进行比值处理以及对数处理等。

本书还根据我国国情确定了因变量、自变量及有关参数的计算方法，并且从全国、东部地区和西部地区三个不同角度来测算我国宏观税负水平。同时，本书采用主成分分析法赋予每个指标权力并通过计算综合得分判断各地区经济发展情况，通过线性插值实现缺失数据补全。

由于税收政策是调节宏观经济的重要手段之一，因此，本书研究结果对于制定适合自身发展状况的政策具有参考价值。

4.3.2 描述性统计分析

本书对相关变量进行描述性统计分析，具体结果见表4-12。

表4-12 **变量描述性统计分析**

变量	解释变量	样本量	平均值	标准差	最小值	最大值
Emp	就业参与率	290	0.576	0.0563	0.465	0.723
Tax	税费水平	290	0.0932	0.0292	0.0469	0.193

续表

变量	解释变量	样本量	平均值	标准差	最小值	最大值
Pgdp	人均地区生产总值	290	10.80	0.452	9.691	12.01
Edu	教育水平	290	4.285	0.800	1.520	5.518
Open	对外开放度	290	0.286	0.299	0.00724	1.515
Indus3	第三产业结构	290	0.493	0.0907	0.327	0.839
Invest	固定资产投资	290	9.549	0.814	7.269	10.99

表4-12展示了相关变量的描述统计结果。首先被解释变量是就业参与率，其样本平均值为0.576，最大值为0.723，最小值为0.465。这表明我国就业现状存在明显的区域不均衡现象，最高和最低就业参与率相差约26个百分点。此外在发达地区和不发达地区之间也存在着较大的就业情况差异。其次是核心解释变量税费水平，其样本平均值为0.0932，最大值为0.193，最小值为0.0469。税费水平与总体就业参与率极为相近，并且两端水平有明显差异。这一数据结果可以用经济学现实经验来解释：中国地区经济发展中存在东部、西部和中部地区之间的不均衡进而导致税费水平不同。其次被解释变量是人均地区生产总值、教育水平等，这些因素都被视作控制变量进行了分析并得出结论。从数据均值和方差来看，在各个地区都存在着不同程度的差异性。综上所述，在考虑减税降费政策对就业效应关联时，需要从地区异质性角度进行分析。

4.3.3 实证结果与分析

4.3.3.1 全样本回归结果

通过对回归结果进行描述性统计和拟合，本书得出了结论。本书认为采用混合回归、固定效应和随机效应模型（1）的回归模型是最佳选择。根据以上模型的回归结果，本书过滤了样本数据并得出了较为吻合的模式，样本回归结果见表4-13。

表4-13 样本回归结果

变量被解释	Emp（固定效应）	Emp（随机效应）
税费水平（Tax）	0.4348	0.5872
	（1.6497）	（2.8802）
人均地区生产总值（Pgdp）	0.0117	0.0015
	（0.9576）	（0.0747）
教育水平（Edu）	0.0878	0.0171
	（1.8449）	（1.6970）
对外开放度（Open）	0.0729	0.0613
	（2.0920）	（1.9330）
第三产业结构（Indus3）	0.1595	0.1910°
	（1.1023）	（1.7224）
固定资产投资（Invest）	0.0150	0.0145
	（1.6972）	（1.8427）
常数项	0.7307	0.5930
	（3.7642）	（3.7042）
N	290	290
R2	0.1769	

根据固定效应回归结果，就业参与率和税费水平呈现显著负相关关系。控制变量后，只有教育水平和对外开放度与其呈负相关。这是由于劳动力市场上的信息不对称所致，政府利用税收手段调节就业者收入以促进经济发展。虽然整个关系并不理想，但模型具有良好的显著性，并可考虑重新选择改进模型。使用随机效应模型时，核心解释变量基本符合固定效应模型。在控制变量方面，受教育程度呈现10%正相关关系，而对外开放度大小则呈负相关关系。研究还加入了就业弹性系数和人力资本因素来说明我国当前经济增长方式转变过程中出现的问题及相应对策，并引入新参数刻画不同经济发展阶段特征差异。在分析角度方面选取了四种方法进行探讨：混合回归与固定效应相结合、两种不同模型比较、两个年龄之间的差异情况以及不同性别差异状况的考察。结果表明，在混合回归与固定效应模型下，选用固定效应为宜。在混合回归与随机效应模型中，选择随机效应模型，并进行了持续的后续核查。

4.3.3.2 固定效应模型基准回归

根据上述回归模型的结果，本书发现固定效应在样本数据中的适用性优于其他模型。然而在本书中，本书综合考虑了三种类型的固定效应，并从时间、区域和双向三个角度进行了模型回归，最后选择最佳固定效应模型并将其结果列入表4-14。

表4-14 **时间固定、地区固定、双向固定效应模型回归结果**

变量被解释	Emp（时间固定）	Emp（地区固定）	Emp（双向固定）
税费水平（Tax）	0.7160	0.5933	0.4348
	（3.5320）	（3.1399）	（1.6497）
人均地区生产总值（Pgdp）	0.0209	0.0305	0.0117

续表

变量被解释	Emp（时间固定）	Emp（地区固定）	Emp（双向固定）
教育水平（Edu）	0.0129	0.0755	0.0878
	(1.5662)	(2.6114)	(1.8449)
对外开放度（Open）	0.0035	0.0753	0.0729
	(0.2348)	(3.0043)	(2.0920)
第三产业结构（Indus3）	0.1104	0.1595	0.1595
	(1.7602)	(2.1725)	(1.1023)
固定资产投资（Invest）	0.0354	0.0150	0.0150
常数项	0.1527	0.5593	0.7307
	(1.3944)	(3.1425)	(3.7642)
N	290	290	290
R2	0.3176	0.7394	0.3769

根据回归模型的结果，无论是地区固定效应还是双向固定效应模型，在时间固定等影响下，被解释变量和税费水平都显著处于被解释水平区间。因此本书选取较为稳定的税费水平作为基准进行预测以达到预期效果。在时间固定和双向固定效应模型中，税费水平与就业参与率呈负相关；而在地区固定效应模型中，则对就业参与率有显著正向影响。考虑到现实经验和理论基础，本书选择了双向固定效应模型作为最终选项。通过构建基于“双重差分”法的动态面板数据模型探讨了我国税费水平与就业之间的作用机理，并进一步讨论了不同制度环境下的异质性特点。问题分析表明，在各项政策目标共同推动下，每个完整政策年度均产生大量政策文件和日益膨胀的政策库，从宏观层面诱导出来的制度性因素等不可避免地对就业市场发展产生全方位

影响，并且这种影响随着趋势的变化而不断发生。通过构建两种非线性面板数据回归模型，本书考察了税费水平是否存在显著的“门槛”效应。在采用地区固定效应时，由于漏掉许多其他难以描述的制度性因素，会对模型自身结果产生很大影响，并使税费水平与就业参与率呈正向关系，这与经济学基本理论不相符合。另一方面在使用双向固定效应模型时，研究结果符合实际经济情况，并且具有稳健性和说服力。多图双向固定效应模型能够较好地体现出各个变量在各个时期之间的相互关联和影响关系，为政府制定相关税收政策提供科学依据。总之在文章结尾处运用双向固定效应模型进行了实证分析，并解释说明了所得到的特殊回归结果见表4-15。

表4-15　　　　**固定效应回归结果**

变量被解释	Emp（1）	Emp（2）	Emp（3）	Emp（4）	Emp（5）	Emp（6）
税费水平（Tax）	0.0345	0.0268	0.0004	0.0919	0.4039	0.4348
	（5.9045）	（8.7493）	（5.8242）	（5.2653）	（4.652）	（1.6497）
人均地区生产总值（Pgdp）		0.0092	0.0077	0.0014	0.0379	0.0117
		（0.3468）	（0.2599）	（0.0492）	（1.2091）	（0.9576）
教育水平（Edu）			0.0341	0.0009	0.0037	0.0878
			（1.2950）	（0.0345）	（0.1399）	（1.8449）
对外开放度（Open）				0.0928	0.0839	0.0729
第三产业结构（Indus3）					0.3085	0.1595
					（1.9691）	（1.1023）
固定资产投资（Invest）						0.0150
						（1.6972）
常数项	0.5198	0.6257	0.5675	0.6325	1.2518	0.7307
	（14.4777）290	（2.0334）	（1.8272）	（2.0927）	（3.4447）	（3.7642）
R2	290	0.5892	0.5898	0.6015	0.6076	0.3769

首先本书发现核心解释变量和税费水平对就业参与率具有显著的负向影响。经过调节地区经济发展水平和教育水平等变量后，降低税费水平能够推动就业参与率上升。因此在政策实施期内，减税降费政策确实能够明显改善就业环境并促进就业均衡。然而这种影响随着时间逐渐衰减，并最终消失。这也从侧面反映了“稳增长”目标和“调结构”战略在宏观层面上对税收优惠政策的调整存在一定滞后性，使得税收政策效果难以发挥出来。其次在控制其他变量的情况下，本书还发现对外开放度和教育水平对就业参与率也存在不同程度的显著性影响。其中对外开放度通过促进第三产业比重间接影响到就业参与率；而教育水平则主要是通过人力资本投资效应间接影响到就业参与率。另外，在实证分析中本书还发现：（1）对外开放度与人力资本之间存在长期稳定的正相关关系；（2）对外开放度会显著地影响就业水平，即从理论分析角度来看，开放有利于促进就业。因此本书认为开放程度的高低并不是衡量一个国家或地区是否存在充分就业的唯一标准，而是要看其能否有效促进就业。另外，在控制其他变量的情况下，本书还发现教育水平占比10%对就业参与率具有正向作用。这表明教育的改善能够促进就业参与率。最后在本书中税收优惠政策被证明对扩大就业具有重要影响。综上所述，可以得出结论：税费水平下降显著促进了就业参与率提高，并且通过提高对外开放度、推动教育和产学研融合等方式使得就业市场得到了更好的发展。

4.3.3.3 异质性分析

考虑到我国经济发展的不平衡现实，本书认为减税降费政策对就业促进效应在理论上会有区域异质性，因此本书将全部样本地区按照东部、中部和西部进行划分，并在这三个片区内进行样本回归。通过这种方法，本书可以更深入地探究减税降费政策在各片区对就业产生的差异化影响。具体回归结果见表4-16。

表4-16　　　　　　　　**区域异质性分析**

变量被解释	（1）东部	（2）中部	（3）西部
税费水平（Tax）	0.2035	0.5352	1.6781
人均地区生产总值（Pgdp）	0.0294	0.0827	0.0225
	（0.5617）	（5.0197）	（1.1751）
教育水平（Edu）	0.1211	0.0214	0.0192
	（3.5107）	（2.4481）	（4.5321）
对外开放度（Open）	0.2725	0.0418	0.0956
	（1.3004）	（2.2732）	（1.6372）
第三产业结构（Indus3）	0.1342	0.2613	0.6887
	（0.6587）	（3.0916）	（4.4994）
固定资产投资（Invest）	0.1434	0.1035	0.2391
	（0.9326）	（1.2012）	（1.3283）
常数项	0.3359	0.0138	0.1377
	（0.7293）	（0.0886）	（0.6206）
R2	110	80	100

从表4-16可以看出，减税降费政策在促进西部地区就业方面发挥了拉动作用，而在我国东部地区则没有明显的就业效应。本书采用面板数据回归模型分析了各地劳动力转移的影响因素。研究发现，减税降费政策能够显著改善中、西部地区劳动者收入。这是因为东部经济相对较发达，在税收福利等方面已有优势，并且具有自然经济优势吸引就业；中部地区经济基础不如东部好，但减税降费政策仍然带来一定的促进作用；而西部地区由于受到历史和地理条件制约，税负总体偏高，在全国范围内呈现出中、西部优于东部的趋势。总体来看，减税降费政策对就业人口规模扩张具有促进作用，并能够降低失业

率、增加就业率，但也存在结构性失衡、行业之间不平衡以及区域差距大等问题。尤其是对于西部地区来说，减税降费政策对就业促进效应最为明显，而对于东部地区则没有那么突出。

4.3.3.4 稳健性检验

本书参考了现有文献的成果。为检验固定效应模型回归结果的鲁棒性，本书使用城镇登记失业率替代就业解释变量，并在固定效应模型上进行回归分析，以审视减税降费政策对就业的影响。城镇登记失业率数据来源于国家统计局网站。由于我国现行统计口径是按部门分类设置而非按地区划分，因此不采用分地区分组计算来衡量减税降费的效果。本书以全国层面城镇登记失业率作为解释变量，并采用分位数回归方法来分析税收政策对就业水平的影响。本书运用固定效应方法建立包含税收、劳动等构成的联立方程组，并进行相应处理和估计，同时考虑了不同地区间差异对数据估计的影响。基于此，本书采用面板门槛模型实证检验中国经济增长和劳动力供给及其影响因素之间的关系。另外，在讨论税收优惠政策对扩大就业规模发挥作用时，还考虑了不同税率下对就业影响的差异。结果表明，在控制内生性问题后，我国减税降费政策成效显著。通过对影响因素进行非线性估计，本书得出了税收优惠政策对劳动力需求产生不同程度影响的结论。稳健性检验结果详见表4-17。

表4-17 **稳健性检验**

变量被解释	Unemp
税费水平（Tax）	4.7101
	（2.0789）
人均地区生产总值（Pgdp）	0.1804
	（0.4659）

续表

变量被解释	Unemp
教育水平（Edu）	1.1339
	（4.4773）
对外开放度（Open）	0.4662
	（0.4129）
第三产业结构（Indus3）	0.2927
	（0.9657）
固定资产投资（Invest）	0.4706
	（4.8184）
常数项	0.1484
R2	290

稳健性分析结果表明，核心解释变量/税费水平对被解释变量/城镇登记失业率有显著正向影响。税费负担与失业率呈现显著正相关，这意味着减税降费政策的推出确实能够促进就业市场总体水平的提高。该结论与时间固定影响基准回归结果保持高度一致，从而验证了本书实证分析结论是有根据的。在控制变量中，与受教育水平也呈现显著正相关，并且与基准回归结果吻合较好，再次验证了基准回归的稳健性。

第 5 章

研究结论和政策建议

5.1 研究结论

本书主要选择税费水平和就业参与率作为核心解释变量和被解释变量，并采用面板门槛模型，探讨减税降费政策对不同地区就业的影响。研究发现，减税降费政策对我国各地区都有积极作用，并且在时间维度上具有显著正向拉动效果。首先在第一次回归中，本书发现就业参与率与税费水平之间存在不确定性相关性。因此本书进行了第二次回归以验证这一结论。其次在两次回归后，本书发现劳动参与在一定程度上促进了劳动力市场的发展；同时也注意到随着时间推移，劳动参与度越低则意味着劳动力市场越成熟。接下来，在构建二次回归方程并进行研究时，本书发现税收对劳动参与率具有正向作用，并且随着税收力度增大，工人收入也会增加。最后通过将参数代入模型模拟分析得出特定条件下能达到最优值的结果。本书还测试了模型之间的关系，并选用固定效应模型进行后续测试。

为更好地评估我国现行税费改革政策，本书采用面板数据方法对不同产业就业参与率受税费改革影响的具体情况进行实证研究。经过检验发现，税收水平与就业参与率之间存在正相关关系，并且随着税费水平不断上升，两者的相关性越来越显著。税费改革对各产业均起到积极促进作用。通过理论分析，固定效应模型能够有效地预测税收变动对企业生产经营活动的影响。但是，固定效应模型又分为三类，并且这三类固定效应都在进行单独回归，所得回归结果与预期设想基本一致。本书详细分析了地区固定效应模型与本书研究内容可能不符的原因，最后确定双向固定效应模型作为本书研究的最优模型，并将其应用于后续检测中。通过建立双向固定效应模型，可以很好地预测未来几年我国税收收入情况，并且还能根据当前实际情况调整参数从而得出更准确的结论。

基于此，本书运用这一模型分析了当前我国税收政策及税制结构中存在的问题和经济发展方式转变所带来的税收问题。比较不同时期我国各区域税负情况和劳动力收入分配状况等相关数据后发现，目前我国税收政策存在一些缺陷且不利于经济增长。实证研究表明，税费水平提高导致就业参与率下降，减税降费政策对就业的拉动作用明显。同时企业所得税税率下降可以使企业税负减轻，因而能够有效抑制企业过度投资行为。从长远看，无论是税收还是减费都有助于降低劳动者的劳动时间成本，并促进他们的工资性收益和选择更多的工作机会。此外，由于税收和减费具有明显的“累退”效应，在更大程度上提高了劳动者的实际工资。然而，研究发现各收入群体之间存在差异导致其就业影响因素存在显著差异，需要深入探究减税降费政策是否真正实现了提高劳动力就业率。基于分位数回归方法对我国劳动者工资性收益率及劳动生产率增长进行了测算，并利用工具变量法检验了上述结论。在全国范围内，减税降费政策确实可以切实提高我国劳动者收入水平。异质性分析结果进一步说明问题：西部地区对就业带来的促进作用较强，中部地区次之，而在东部地区的促进效应更为明显。

从政策制定的角度来看，政府正在加大力度推进减税降费政策的实施，以激发市场主体活力和促进就业市场蓬勃发展。在关注各地区重要的就业潜力指标时，首先需要考虑地区经济是否发达，因为这是社会各项事业发展的物质基础，只有保障了经济的稳定增长，才能够确保就业市场的持续稳定；其次需要考虑地区教育水平是否高，地区教育水平在经济中起到至关重要作用，高水平教育不仅可以带来优质就业机会，还可以成为产业升级转型和产学研深度融合等方面的外部动力。

在国家“十四五”规划纲要中，明确将就业优先作为一项国家战略。为了减轻就业压力、提升就业质量，积极利用财政政策工具实施减税降费措施是实现稳定就业和保障民生的重要举措之一。在后疫情时期，我国经济面临下行压力加大的挑战，因此在促进就业方面，减税降费成为其中一个重要手段。

本书通过分析减税降费对于促进就业的效应，并针对我国目前经济社会环境提出建议：一方面应将减税降费政策贯穿到各个行业中；另一方面则需要完善税收政策体系以及加强财政与税收政策的配合来发挥其宏观调控功能。最后本书选取2014—2019年深交所中小板上市公司数据与中国31个省、自治区和直辖市在2008—2018年间的面板数据进行实证考察，并得出结论：减税降费能够有效地促进就业总量和提高就业质量。

（1）减税降费政策促进就业总量的效果较为明显

从减税的角度来看，中小企业承担的税收负担与雇用规模呈显著负相关。也就是说，企业减税力度越大，对就业总量的促进作用越大。此外，减税政策对技术密集型行业的就业激励作用更为明显。相比于劳动密集型产业，资本密集型行业受到了更多的减税政策支持。这是因为资本密集型行业对劳动力需求弹性较低，因而劳动要素相对于资本要素而言更加稀缺。尽管实证分析表明，在短期内实施减税政策可能会导致资本密集型行业增加投入并削弱雇佣规模等挤出效应，但从长远来看，我国实施减税政策有利于提高劳动供给效率，并且其正向影响远大于负向影响。

不同地区和产业层面上都存在着巨大差异：东部省份和中西部省区受到的影响程度不同；同时在推动高新技术制造、装备制造以及其他传统或非传统产业发展方面都能够起到积极的促进作用。此外减税政策还有助于提升企业劳动生产率，并对经济增长产生显著影响。需要注意的是，在短期内，减税政策对中小企业雇佣规模的提高效果可能会受到限制，这与我国当前劳动力市场结构性矛盾较为突出有关。然而从长远来看，减税政策可以有效缓解劳动力成本上升所带来的压力，并且也会影响企业融资约束水平。

研究表明，税收优惠对于劳动密集型微型企业雇佣规模的增长具有重要作用。因此政府应该进一步加大结构性减税政策实施力度，并特别针对中小微企业施行减免税措施以推动其更好地发展壮大。在短期内，小微企业需要大量资金的支持。同时，相比普通微型企业和A股上市公司等类型企业而言，中小板块企业规模较大但抗风险能力较弱。这使得这类劳动密集型中小企业不得不通过资本积累、战略转型升级、兼并重组或引入高新技术项目等方式才能在激烈竞争的市场环境中生存下来。中小板块企业需要提高管理水平和经营效率，以应对国内外竞争压力的增强。由于中小板块企业税负低且融资受限，它们倾向于采用低成本并购来扩张规模，并取得更高的资本收益。随着我国经济转型到集约型，劳动密集型中小企业将面临更大的挑战。尽管减税政策不能直接降低人工成本，但可以为先进制造、研发或经营等领域提供宽松的税收环境。虽然在短期内这些企业难以立即扩大劳动力投资，但长远来看，通过加大资本投资能够实现规模扩张和提高生产率的目标。因此在未来一段时间内，减税政策仍将是促进中小型企业成长壮大的重要推动力量。

随着我国经济进入新常态，税收优惠政策对促进中小微企业发展的作用会逐渐减弱。民营企业对税收政策的反应显著高于国有企业，并根据外部变化灵活调整雇佣行为。减税政策能够显著促进我国民营企业快速发展，并为其提供充足的外部劳动力资源，从而提升其竞争力。由于我国民营企业众多，减税政策将切实促进其经营与发展、刺激其扩大雇佣规模，并带动整体就业数量稳步提高。

从降低费用的角度来看，企业承担社会保险费会抑制就业数量。无论是哪种产业类型，企业实际承担的社会保险费率和就业数量都呈现显著的负相关关系。这说明了社会保险费是企业的人工成本，并对扩大生产和雇佣规模产生一定的负面影响。

（2）减税降费政策对就业质量提升有一定作用

总的来说，减税对提高就业质量起到了促进作用。其中增值税改革成效显著，减轻了社保负担，并成为提高就业质量的关键要素。首先，我国实行流转税和深化增值税改革等措施对全国税收产生了重大影响，在明显降低总体税收负担、缓解社会阶层的纳税压力、推动企业发展壮大并逐步形成现代企业制度和管理模式等方面都有积极作用。其次，积极的财政政策在减少政府支出、缓解财政压力以及增强公共服务能力方面也具有优势。从减税角度看，增值税与非正式就业呈现出明显的正相关性，通过减轻增值税负担促进非正式就业规模扩大并提高就业质量。但目前政策主要针对小微企业和高新技术企业实行企业所得税减免，在其他领域应该加强调查研究异质性问题。实证研究发现，减免企业所得税在一定程度上促进了企业吸纳更多劳动力，从而推动我国整体就业水平的提高。但是，在全国范围内看，企业所得税对于就业质量的提升作用并不明显。

降低社会保险费负担对减少非正式就业的影响的研究发现：企业缴纳的社会保险费与员工参保人数之间存在长期稳定的关系。当社保费用过高时，企业为了节省成本会采取避免签订正式雇佣合同或者漏缴员工社会保险费等方式来逃避支付高额费用。此外在某些产业和地区，职工需要缴纳较高的社会保险费用，这可能导致政府忽略对职工进行合理的社会福利支持而增加非正式就业率。因此，在不改变总体缴费水平的情况下，通过降低具体项目的缴纳比例可以使企业提高对人力资本的投资，并进一步减少非正式就业人口数量和比例。本书使用面板模型分析不同类型社会保险费对城镇和农村非正式就业率的影响差异，并以此为基础探讨政府收入分配政策在东部、中部和西部地区实施后对于非正式就业者收入情况所产生的作用。结果表明行政事务性收入仅与东部地区非正式就业者收入情况显著相关，而其他地区则未发现明显相关性。

5.2 政策建议

综合以上研究结论，减税降费政策在一定程度上对就业数量的增加有促进作用。然而由于企业所有制和产业类型的不同，该政策在就业总量方面产生了不同的影响。因此，本书认为应继续遵循“稳增长”和“调结构”的原则，并进一步优化税收政策以使其发挥更大作用。此外，减税降费政策为正规和非正规部门扩大正式就业提供了导向，在提高就业质量方面起到积极作用。但是，在区域层面上造成的影响略有不同。因此建议采取以下措施：

（1）谨防减税降费对就业的挤出效应，扩大税收政策受益对象

经实证研究发现，减税政策对资本密集型产业的发展具有促进作用。然而该政策也会导致就业挤出效应。在机器设备取代劳动力时，“三低”人员（即专业能力差、受教育程度低、没有工作经验的人）受影响最大。这些人包括农民工、高中及以下文化程度者、残疾人和退役士兵等就业困难群体。此外，税收优惠政策对缓解“三低”群体的就业压力也具有明显作用。当前直接刺激就业的税收政策应重点关注贫困人口扶持、高校毕业生和零就业家庭以及其他特殊群体，如退役士兵和随军家属等。因此在推动“三低”群体进入产业部门方面需

要加强措施。不能忽略农民工在劳动力市场上与高中及以下学历群体地位相当，并且他们可能面临退出劳动力市场的危险，其可能为了留在劳动力市场中不得不与企业签订不平等的合同。针对这一问题，应该扩大直接刺激就业的税收政策的受益对象，将所有“三低”群体纳入重点关注范围。此外，企业在聘用这类人员时可以开展岗前培训以提高他们的工作能力，政府也可适当提高其职工教育经费的扣除比例以示鼓励。

（2）保障税收政策的长效稳定性，稳定中小企业的中长期预期

减税降费政策可以提高市场主体的生产经营活力，激发经济增长。当经济进入下行通道时，企业效益不会迅速下滑，从而保留了就业机会。因此需要采取差别化措施来更好地发挥减税降费的作用。

从长期来看，可通过优化资源配置、促进产业结构升级和改变消费需求结构等方式实现中国经济持续、健康、稳定发展。从短期来看，减税降费可以刺激实体经济发展、缓解中小企业融资难题并促进产业结构调整等。然而减税降费对就业的影响并不持久。如果不能建立起减轻税负的长效机制，则可能引起反弹现象，并引起市场对转型升级企业的关注。为了应对这种情况，在中国财税体制改革深入推进之际，需要完善现有的税收法规和政策体系以及改善税收结构；加快建立地方税体系并规范其基础；同时加强地方财政管理与支出的职责分配，并根据当地实际情况制定差别化税收政策。

第一，加大对企业技术创新、技术改造以及科技研发等方面的支持力度，以促进经济发展和就业机会增长。一方面，需要建立理性和规范的税收支出预算制度。另一方面必须贯彻税收法定原则。目前我国税收法律体系不健全，税务执法水平低下，导致税务机关滥用立法权等问题突出。应完善立法、加强执法、强化税收法治建设，并加大行政执法力度。同时还要明确纳税人的知情权和参与权，增强公民的

纳税意识和法治观念。

第二，完善税收法律制度。现行税法对地方政府的行政权力有明确约束，但并不等同于其在税收征管中完全无所作为。因此在市场经济条件下，地方政府的行为具有一定自主性和选择性，而税收法律制度则对其进行约束。目前我国地方政府税费征收存在问题，例如误用管理权限、任意超标准收费等现象经常发生。这些问题的根源在于制度上的缺陷，必须对地方政府的征税权限进行必要控制，并通过立法规范和限制其自由裁量权以达到合理征收的目的。

（3）进一步加大减税降费政策力度，通过稳企业来稳就业

降低企业税费负担是促进稳定就业的有效途径。因此国家应该采取积极措施，协调“减税降费”政策与经济增长。目前“减税降费”政策已初步建立并呈现良好发展趋势。未来，需要做到以下三点以建立低税负制度和激发市场主体活力：

第一，完善税收管理体制和优化税收政策设计是实现高质量发展的必然选择。这包括持续进行增值税改革、精简增值税税率结构、推动结构性减税政策落实、优化支出结构等方面；同时要保证企业不断发展，在减轻税收负担的前提下通过提高制造业等行业的税负来促进产业结构优化调整。

第二，应采取积极措施扩大中等收入者比重，如加大教育投入、允许用人成本偏高行业人工成本实行增值税抵扣政策以提高就业数量和质量，调整个人所得税起征点以促进劳动力市场的稳定。

第三，在部分制造业行业实行零税率或免征等政策，加快推进税制改革和完善税制体系。为了促进社会经济的可持续发展，需要在税收政策方面做出一些改变。首先，增值税的税率结构应该朝着两档税率的方向发展。其次，需要制定更具有竞争力的企业所得税政策，建立并完善科学合理的企业所得税制度。目前我国现行企业所得税法存

在不少问题，如设计不合理、优惠范围过窄、纳税基础狭窄等妨碍了企业的发展。因此通过调整企业所得税税率来促进企业成长是必要且有效的措施。

同时，在优惠政策方面也需要进行改革。当前我国现行优惠政策偏向于某一行业或者某一企业，并没有普遍性。另外，我国企业所得税制度还存在很多缺陷，如缺乏统一的法律框架和完善的征管体系等问题导致其与其他税种脱节。因此从规范相关法律法规的角度上，应加强对我国现行企业所得税制度的完善和调整。其中包括完善基本模式、逐渐降低标准税率、增加企业税前可列的成本费用、增加亏损结转年限等，以提高企业的竞争力。

应该加大对高新技术企业特别是创业型企业的税收政策支持力度，并完善现行的认定办法。此外，还需要提高对不同职业雇员教育培训费用以及相关福利项目的扣除标准，并完善创业型中小企业的相关优惠政策。从长远来看，需要采取以下措施以促进就业结构升级和提高劳动者素质。首先，完善相关制度建设，包括职工教育经费、职工职业素质等方面与就业规划直接相关的制度。其次，扩大政策范围。对于核电行业而言，由于其技术特点和员工成本较高，在国家核电建设发展战略调整时需要调整相关政策。此外，软件产业企业职工和核电厂操纵员培训费用方面已有优惠政策可供参考，并且在未来可以将这一优惠政策覆盖更广泛的产业领域，以促进就业结构升级并推动高质量就业。最后，是降低税费负担并加大降费力度。通过实施更具针对性的措施（如降低生育保险费用等）减轻企业负担、提高职工医疗保障、鼓励生育；实行减税政策吸引更多劳动力流入市场是人口老龄化趋势下解决失业问题的主要途径之一；通过降低社保缴纳标准、保险费率进一步适当下调等措施，提高中小企业社会保险金缴纳比例，吸纳重点群体促进小微企业发展，并暂免缴纳社会保险费以推动企业就业孵化。

（4）优化减税降费的产业导向，培育就业新增长点

为了促进经济发展，需要采取以下措施：一是降低传统劳动密集型产业的税收负担。二是优化产业结构，增加第三产业比重。三是加快推进供给侧结构性改革。具体来说，要健全增值税抵扣链条，并降低企业所得税税率。此外，在制造业转型升级、去产能和调整结构方面实行减免税政策。同时也要积极发展服务业并提高其在国民经济中的比重；支持新兴产业和高技术行业的发展；对第三产业总体实行优惠政策以及促进高新技术产业发展等。另外，在传统劳动密集型领域，如制造和建筑等领域，应该通过提升价值链水平来激活资源，并开拓新兴现代服务领域以吸引更多高素质人才参与其中。同时还需积极支持中小企业升级，并完善所得税等相关税收政策。在配套措施上，应该适当提高部分行业的增值税税率，并加大对吸纳失业人口的劳动密集型服务业的税收减免额度，以帮助“三低”员工实现稳定就业。

首先，第三产业中的技术密集型产业逐渐展现出吸收劳动力的潜力。其次，我国服务业税收政策存在问题。针对以科研和技术创新为导向的服务行业、软件行业、信息技术服务等现代高端服务行业，应出台一些税收优惠政策。此外实施高新技术产品出口退税政策是促进经济增长的重要手段之一。建议考虑扩大享受增值税“即征即退”优惠政策的范围，并完善我国高新技术企业所得税优惠制度。目前仅有软件产品经许可可以在增值税实际负担率较高时享受即征即退的优惠政策，在未来应该让更多高新技术企业参与其中，甚至包括非高新技术企业生产的技术产品也能获得增值税优惠，这将有利于推动研发成果在不同领域间转移。同时还需按国家规定免征计算机软件相关费用，并加强企业研发过程中对免税项目的管理并进行细化解释。例如

与研发项目直接相关的建筑物、土地、车船等，减免相关税费，以进一步减轻致力于技术进步的企业的现实税费负担。

本书以我国企业所得税政策为例，分析了企业所得税优惠政策对促进企业技术创新的作用。高技能人才是企业发展的血脉，提高职工教育经费水平并在税前列支是促进人力资本投资应有之义。职工教育经费与劳动者职业素质问题直接关系到就业规划问题。从政策层面看，我国对符合条件企业的员工和技能人员培训费用按实际发生额税前扣除具有合理性。未来该优惠政策涉及的产业覆盖面可扩大，在升级产业结构的同时推动就业结构升级，促进高质量就业。

（5）跳出唯“数量论”格局，要把目光放在高质量就业上

现有的财税政策仅限于使用积极财政政策来刺激就业数量的增长。然而在当前的经济形势下，如果只是单纯地追求就业数量，那么减税降费政策将对财政造成重大压力，并可能导致地方债务问题。因此必须从促进就业和推动高质量发展相结合的角度出发，通过完善税收政策来提高居民收入水平，从而实现不断提升就业水平的目标。必须深刻认识到就业数量和就业质量之间的辩证统一关系。虽然就业数量为高质量就业提供了先决条件，但只有高质量的就业才能为进一步增加就业数量提供重要保证。因此在产业结构优化方面应该强调拉动大量开发新技术新产品、效益好且创收能力强的公司。“轻税”“涵养税源”等措施也需引起注意。最终目标是吸引更多剩余劳动力进入市场并实现增加就业人数这一目标。

（6）加大减税降费政策力度，将促进就业作为首要任务

减税降费政策是实现“六稳”“六保”目标的重要手段之一。通过实证研究，验证了该政策的效果。虽然减税降费政策在促进就业方面取得了显著成效，但在执行过程中可能会出现执行不到位等难题。因此，本书总结了以下几点切实可行的建议，以确保减税降费政策能

够高效执行：

第一，政府应持续加大减税降费力度，并将促进就业作为经济工作的首要任务之一。在“稳增长”和“调结构”的双重目标下，结构性减税需要进一步深化，并优化税制结构。从所得税和增值税的角度来看，减税降费能够降低企业成本，优化税收制度，提升劳动收入比重，减少重复征税，并推动产业转型升级。通过减轻市场主体的负担，最大化地激发企业的市场活力，实现良性竞争与规模发展。在稳定就业的基础上，政府应进一步加强对中小企业的政策扶持，尤其是对劳动密集型行业企业的支持。

第二，从财产性收入的角度看，减税降费在一定程度上能增加企业收益，壮大企业规模，增强其活力与竞争力，同时提升企业的抗风险能力。在流转税方面，允许劳动密集型企业将人力成本纳入扣除项，对于推动就业起到积极作用。以减税降费为抓手推动产业升级，是我国应对国际金融危机的关键举措，也是保持经济持续增长的主要手段之一。政府需要充分发挥引导作用，激励企业创新与发展，优化产业结构，并强化产业升级的支持力度。未来，减税降费政策的覆盖范围应逐步扩大，以使更多企业受益。例如，加大对企业研发费用加计扣除的支持力度、延长企业亏损结转年限等措施，能够有效提升企业的市场竞争力和创新能力。与此同时，政府还应针对特殊群体拓展政策的适用范围。然而，这些政策的配套措施仍需进一步完善，才能确保政策效果最大化。

具体来说，部分企业在当前经济下行压力加大的背景下，面临经营困难，甚至部分企业倒闭。由于政策实施对象存在较大差异，政策效果在各个领域中也并不相同。因此，需要从多方面提高政策的有效性，并解决现有税收政策存在的不足。首先，减税降费政策的受益对象应进一步扩大。目前，许多纳税人对税收优惠政策的理解存在偏差，错误地认为减税仅限于税率的降低和税款的免除。其次，减税降费政策过度集中于小微企业和高新技术企业，受益范围过于狭窄，限制了政策对就业的实际推动作用。当前中小企业获得了大量支持，但科技型和创新型企业应当获得更多税收优惠待遇。不同地区的经济发展水平存在较大差异，政策在不同地区的实际效果也不尽相同，因此政策实施时应因地制宜，做出灵活调整。此外税收优惠政策体系应进一步完善，对政策实施效果进行定期评估，并及时修正方向。政策不仅应覆盖更广泛的市场主体，还应确保其灵活性，针对不同行业、不同地区的具体需求做出相应调整。最后，政府需要加强对农民工群体的税收优惠政策支持。当前，农民工占全国就业人口的38%，这个比例显示了农民工就业的弱势地位。因此，减税降费政策应进一步覆盖到这一部分人群，提升其就业竞争力。

目前，我国的减税降费政策通常为期2～3年，但这一期限对企业，尤其是中小企业，带来了很大的压力。由于面临显著的经济下行压力，企业需要更长的政策支持期，才能稳定发展并持续增加就业人数。如果政策时限过短，可能无法达到促进就业的预期效果。因此，在当前经济新常态下，如何更好地实施减税降费措施，是一个亟待解决的问题。同时，减税降费政策的系统性有待加强。单纯从政策期限来看，很容易忽略政策产生的深远影响；政策间的协同性不足、逻辑关联不严密等问题也会导致政策效应的减弱。为此，应进一步增强政策的系统性，以便让各项减税降费措施形成合力，呈现出整体的良好效果。

（7）加大劳动者教育投入，改善结构性失业

出现结构性失业问题，首要原因是就业困难。从劳动力供需结构失衡的角度来看，化解就业矛盾最为重要。可以通过增加教育投入、提升劳动力素质和技能水平等措施来化解就业矛盾，并进一步推进产

业结构优化。在就业和产业层面上实现双赢，达到解决这一尖锐矛盾的目标。

为了实现从人力资源大国向人力资源强国的转变需要采取以下措施：首先，增加教育投资。这包括扩大高等教育规模、增加教育经费和人力投资，以保证经济增长所需人才数量及质量。研究表明，增加教育投入能够积极刺激就业。其次，优化劳动力配置。随着产业结构升级和经济转型的推进，我国的就业结构也将发生改变。为此，在提升产业层次和质量方面要促进人力资本积累并提高劳动生产率。最后，促进产学研融合，并继续推动全民高素质教育的发展。在此背景下，作为重要渠道之一的教育对于促进就业质量提升具有极其重要的作用。总体而言，在当前新常态背景下进行产业结构优化与调整需要以人力资本提升为核心动力，并且离不开基础要素，即以教育作为支撑。因此在未来应该注重培养更多高技能人才，并通过适当的教育投入来促进产业结构优化与调整。

要解决失业问题，不仅需要经济增长方式的转变，还需要调整产业结构和扩大再就业，这是最直接、最有效的方法。当前我国已进入工业化中期阶段，产业结构不断调整优化、人口年龄结构变化等都会带来一定程度上的劳动力短缺问题。长期以来，存在着劳动力供给与需求之间的差距，其中包括因为供需不匹配而造成的失业问题。同时也要改善民生、提高劳动者收入水平、促进社会稳定和谐以创造实现充分就业所必须具备的条件。加快产业升级转型是必须采取的措施，并且应该增加人力资本投入。近年来，在制造、建筑及服务行业中出现了大量受到结构性失业影响的群体。政府高度重视就业问题，通过减税降费政策，最大程度地解决结构性失业问题是当务之急。

因此需要在宏观层面加强对就业问题的重视，通过税收优惠、财政转移支付等手段来解决结构性失业人员再教育这一难题。由于结构性失业者自身存在不足，加之无法得到有效的再教育和培训，从而未达到良好的职业发展状态。因此要通过完善相关法律制度提高劳动者的职业技能水平，让劳动者更好地适应社会需求，并增加就业机会。当前结构性失业呈现出就业市场“用工难”与“就业难”共存的特征。高技能岗位上缺乏高技能人员、低技能岗位就业不充分等现象普遍存在于我国各地区。如果不解决结构性失业问题将影响整个经济的稳定健康发展。国家还应出台相关法律法规约束企业，使企业在降低劳动力成本时切忌借职工培训之名谋取利益。同时给予较多财政补助以开展企业内部员工培训并有效解决人才缺乏问题。为了解决结构性失业问题，提出以下政策建议：一是进一步提高企业职工教育经费扣除比例，只有在企业资金条件比较充裕的情况下，才能把人力、物力和财力投入到职工培训上，从而提高劳动者的工作技能水平，并给企业带来更有效的收益。二是对于企业外部职业技能培训应给予大幅度减税优惠。这样可以在大范围内为劳动者提供技术指导，有助于低技能劳动者快速适应工作流程并高效地完成任务，增强其就业竞争力。最终实现就业市场需求与供给之间的匹配。

通过减税降费政策，可以有效激发第三产业的消费需求和投资需求，并吸引更多劳动力参与到生产中，缓解当前严峻的就业形势。因此继续推动第三产业的发展是当务之急，这有利于增加就业总量、完善就业结构。在我国经济中，第一、二、三产业并行不悖，但随着时间的推移，第一产业产值的比重逐步降低，而第二产业基本保持稳定。因此在刺激经济发展方面优先考虑发展第三产业最为合适。为了实现这个目标，在制定税收政策时需要进行合理设计以减轻企业负担、提高资源使用效益，并促进内部各部门之间协调配合以实现内部结构调整及效率提升等目标。同时在确定政策目标后应积极推进新型服务行业创新与发展来实现更好的经济增长和优化工作的目标。为了进一步优化我国的税收政策体系，建议采取以下措施：首先，加大教育支出投入以提高人力资本水平；其次，在第三产业中实行税费减免、加速服务业固定资产折旧和研发费用的加计扣除，有效降低总体税费水平，并解放对劳动力的需求；再次，通过扩大财政支出规模来提高公共服务设施供给效率并降低全社会平均教育成本；最后鼓励人才向现代服务业转移。为了实现这些目标，应该出台针对传统和新型服务业不同方向的减税降费政策，并重点关注扶持新型服务业所带来的挤占低技能劳动力问题。此外还需要强化对传统劳动密集型企业的支持以确保各类技能水平劳动者实现充分就业。

（8）加大西部地区政策倾斜力度，减少区域就业差异

由异质性分析结果可知，减税降费政策的就业促进效应呈现出显著的区域差异，西部地区带动就业最为显著，中部次之，东部最不显著。同时从长期看，我国经济增长与就业之间并不是简单的正相关关系。我国经济结构失衡以及劳动力要素市场不完善等原因造成了目前我国劳动力资源短缺现象严重，而减税降费作为重要手段之一，能够有效改善当前经济环境下的劳动力供求状况。为此应进一步增加我国劳动力的供给总量，各地采取差异化减税降费措施已势在必行。在增加政府投入的同时，加大对中西部地区资金支持，提升中西部地区的人力资本与创新能力。同时还要注重发挥税收政策在区域之间的协调联动作用，推动区域产业结构调整升级。为了有效缓解就业市场压力，可以优先选择西部，其次是中部，东部地区就业水平基础较好，还可以着手执行其他宏观经济政策，配合减税降费等政策，焕发出就业市场的生机。在当前阶段，为了促进西部地区经济增长，应积极推进西部大开发战略。鉴于中国西部地区的经济发展相对薄弱，大规模减税降费政策的出台等，可以达到更高层次的经济刺激，同样也能较好地刺激西部就业。随着科技的不断发展和信息技术应用范围的扩

大，西部地区的生产和生活方式正在逐渐改变。由于地理条件恶劣、产业结构单一且滞后，中西部经济发展缓慢。然而我国经济的快速发展和人们对物质文化需求的增加，为西部开发提供了契机。此外中国西部地域辽阔、资源丰富，因此国家应实行更优惠的税收政策来支持其发展。东部沿海地区拥有得天独厚的科技研发、教育培训和人才引进等条件，并具有强大的辐射力和影响力。为了使我国经济总体均衡可持续地发展，在制定减税降费政策方面必须采取措施以促进各地区之间的均衡，并刺激西部地区经济开放程度及就业水平的提升。虽然已制定了西部大开发规划并取得了显著成效，但相对于其广阔土地资源与特色而言仍未达到高峰。此外东部发达地区的劳动力成本非常高，产业转型升级也面临困难，这使得该地区在发展过程中受到了一定程度的冲击。西部地区相对于其他地区资源禀赋较弱，并且其产业结构落后。因此要实现西部地区的快速发展必须加快产业转型升级步伐以从根本上解决问题。

尽管西部地理优势明显，但由于经济基础薄弱、产业转型升级难度大等原因导致其就业结构简单、产业结构层次不高。目前，在我国中西部存在着较为严重的二元经济现象。中部应加大对特色产业的扶持以刺激当地发展并确保就业水平和经济平衡，但同时也需要注意均衡各个区域之间的就业情况。中部正处于改革开放后的一个主要时期，并且是国家减税降费的重点推进区域；其所执行的优惠政策将直接影响全国总体经济状况。此外，由于受到地理因素、社会发展程度及产业结构的影响，我国中西部地区在税收优惠方面表现出一定的特殊性和差异性。东部地区由于其特殊地理位置和历史原因导致区域差距，以及劳动力市场分割等问题，人员流动性不强，不利于人才聚集，从而使得我国经济总体发展缓慢。同时也要注意到，由于我国是一个人口大国且地域辽阔，在各个地区之间存在着经济发展不均衡的情况，并导致各地产业结构千差万别。因此，在针对每个地方制定税收政策时都需要考虑到这些差异性。经过调查发现，东部发达省份在执行税收政策时的经验和做法值得推广和学习。由于中西部地区正在进行经济结构转型升级，其税收负担加重，因此需要进一步调整和完善相关税收制度。针对中国中西部地区的减税降费政策已经取得了显著效果，在促进就业方面尤为明显，并且增加向两地区特别是西部地区倾斜的政策有助于提高全国就业水平。与此同时在东部发达省份实行的税收政策也存在差异。西部地区主要采用全国性减税降费政策，并对困难行业、科技创新企业以及小微企业等制造业另外减免或缓缴税款，最大程度保证了西部企业可持续性发展，同时也降低了由于地理位置等因素所带来的不利影响。

参考文献

[1] 高培勇，马珺，杨志勇.中国财政经济理论前沿（8）[M]. 北京：社会科学文献出版社，2021.

[2] 陈彦斌，林晨，陈小亮.人工智能、老龄化与经济增长 [J]. 经济研究，2019（7）：47-63.

[3] 陈曦，刘尚希.经济学关于不确定性认知的变迁 [J]. 财政研究，2020（7）：3-13.

[4] 冯俏彬.加快构建新发展格局的财税制度与改革研究 [J]. 地方财政研究，2021（10）：4-9.

[5] ZHENG L，SEVERE S. Teaching the macroeconomic effects of tax cuts with a quasi-experiment [J]. Economic Analysis and Policy，2016，5（1）：55-65.

[6] 彭俞超，顾雷雷.减税政策对企业金融化的影响研究：基于营改增的准自然实验 [J]. 经济研究，2019，54（8）：45-60.

[7] 李戎，张凯强，吕冰洋.减税的经济增长效应研究 [J]. 经济评论，2018（4）：3-17；30.

[8] 郭庆旺.减税降费的潜在财政影响与风险防范 [J]. 管理世界，2019（6）：1-10；194.

[9] KIM S, CHOI Y. Determinants of international capital flows in Korea: Push vs. pull factors [J]. Korea and the World Economy, 2013, 14 (3): 447-474.
[10] 陈萌.结构性减税政策对就业影响效应研究：基于微观数据模型 [J]. 发展研究，2014 (4): 33-43.
[11] 徐烜，雷良海.结构性减税对我国就业水平的影响研究 [J]. 上海市经济管理干部学院学报，2015，13 (1): 41-48.
[12] 刘安长.微观经济理论在 "大学生创业教育" 课程中的嵌入式应用 [J]. 西昌学院学报 (自然科学版)，2017，31 (3)：109-112；124.
[13] ZIDAR O. Tax Cuts for Whom? Heterogeneous effects of income tax changes on growth and employment [J]. Journal of Political Economy, 2019, 127 (3): 1437-1472.
[14] 孙岩岩.我国促进就业税收政策的调整与完善 [J]. 税务研究，2014 (8): 49-51.
[15] 韩冲.社会保障税费对就业拉动的影响及优化策略 [J].经济研究，2023，58 (5)，45-56.
[16] 周波，张兆强.我国财政货币政策交互作用渠道机制研究 [J]. 财经问题研究，2016 (7): 66-76.
[17] FELDSTEIN M. The United States in the world economy [M]. Chicago: University of Chicago Press, 2008.
[18] KOSKELA E, SCHÖB R. Why governments should tax mobile capital in the presence of unemployment [J]. Contributions to Economic Analysis & Policy, 2002, 1 (1): 78-86.
[19] Zodrow G R, Diamond J W. Handbook of computable general equilibrium modeling [M]. Netherlands: Elsevier, 2013.
[20] DIAMOND J W, ZODROW G R. The effects of carbon tax policies on the US economy and the welfare of households [R]. New York: Columbia SIPA Center on Global Energy Policy, 2018.

[21] MICHAELIS J. Tax reform and employment: evidence from OECD countries [J]. Journal of Economic Studies, 2020, 47 (3): 123-135.

[22] KOJIMA A, TESHIMA K, SHIRAI Y, et al. Organometal halide perovskites as visible-light sensitizers for photovoltaic cells [J]. Journal of the American Chemical Society, 2009, 131 (17): 6050-6051.

[23] MICHAELIS J, BIRK A. Employment-and growth effects of tax reforms [J]. Economic Modelling, 2006, 23 (6): 909-925.

[24] KOJIMA F, SUN N, YU N N. Job matching under constraints [J]. American Economic Review, 2020, 110 (9): 2935-2947.

[25] ROEGER W. Can imperfect competition explain the difference between primal and dual productivity measures? Estimates for U. S. manufacturing [J]. Journal of Political Economy, 1995, 103 (2): 316-330.

[26] 罗宏斌. 从 "沉淀成本" 角度谈我国农业工业化的财税对策 [J]. 广州市财贸管理干部学院学报, 2005 (4): 9-13.

[27] 曲顺兰. 税收对就业的影响及其政策选择 [J]. 税务研究, 2005 (6): 21-25.

[28] 王怡. 宪政主义: 观念与制度的转换 [M]. 济南: 山东人民出版社, 2006.

[29] 安体富, 杨金亮. 促进小微企业发展的税收政策研究 [J]. 经济与管理评论, 2012 (5): 5-12.

[30] 龙丽佳. "六稳" 背景下减税降费理论分析 [J]. 税收经济研究, 2020, 25 (3): 19-24.

[31] 郑秉文. 中国社会保障 40 年: 经验总结与改革取向 [J]. 中国人口科学, 2018 (4): 2-17; 126.

[32] 何代欣. 结构性改革下的赤字与债务管理: 任务、问题与策略 [J]. 金融评论, 2016, 8 (2): 72-85; 125-126.

[33] 马珺, 邓若冰. 供给侧改革背景下减税降费的财政压力及应对 [J]. 学习与探索, 2020 (5): 116-124.

[34] 马国华，代欣，徐晓丹.知识转化能力的温床：专业社团对经济类专业高素质创新人才培养的意义和作用［J］. 经营管理者，2013（2）：164-165.

[35] 马昆姝.费用扣除政策对创业和下岗再就业人群的影响研究［J］.经济与管理评论，2020，36（4）：45-52.

[36] 李平.我国服务业发展及财税政策选择［J］. 兰州学刊，2007（9）：74-77.

[37] 马海涛，王斐然.是否应该征收含糖饮料消费税？——基于消费税职能的探讨［J］. 财经论丛，2021（10）：15-24.

[38] 董丽娟.安全生产服务市场化模式研究［D］. 北京：首都经济贸易大学，2009.

[39] 梁译心，马健宁，王丫.数字经济下新型灵活就业平台税收问题初探［J］. 国际税收，2021（10）：74-79.

[40] 王振宇，连家明，郭艳娇，等.我国地方政府性债务风险识别和预警体系研究：基于辽宁的样本数据［J］. 财贸经济，2013（7）：17-28.

[41] 李霞.促进就业的税收政策分析［J］. 常州大学学报（社会科学版），2011，12（1）：34-37.

[42] 邢玉敏.浅析辽宁税收政策对就业形势的影响［J］. 北方经贸，2016（8）：93-94.

[43] 李颖.我国税收激励机制对就业与创业的影响及改进建议［J］. 经济研究，2023，58（4）：45-58.

[44] 包健.高新技术产业发展的税收优惠政策分析［J］. 科学管理研究，2008，26（5）：106-108.

[45] 胡铁寨.促进就业税收政策的现状与改进建议［J］.税务研究，2019，36（2）：45-52.

[46] 王琦玥.税收政策对就业促进作用的实证分析［J］.经济与管理评论，2020，36（4）：58-65.

[47] 张巍滔.促进就业的财税政策改革新方向探析［J］. 新经济，2016

(9): 27-28.

[48] 王春成.促进就业的税收政策研究［J］. 税务研究，2009（5）：28-30.

[49] HARBERGER A C. The incidence of the corporation income tax［J］. Journal of Political Economy，1962，70（3）：215-240.

[50] SHOVEN J B，WHALLEY J. Applied general-equilibrium models of taxation and international trade：An introduction and survey［J］. Journal of Economic literature，1984，22（3）：1007-1051.

[51] 李洪心，付伯颖.对环境税的一般均衡分析与应用模式探讨［J］. 中国人口·资源与环境，2004，14（3）：19-22.

[52] 解素艳.所得税政策的就业效应研究［D］. 杭州：浙江财经大学，2017.

[53] HASSETT K A，MATHUR A. Taxes and wages［R］. AEI Economics Working Paper，2006.

[54] FELIX R A. Passing the burden：Corporate tax incidence in open economies［R］. LIS Working Paper Series，2007.

[55] DESAI M A，FOLEY C F，HINES J R. A multinational perspective on capital structure choice and internal capital markets［J］. The Journal of Finance，2004，59（6）：2451-2487.

[56] 彭国富，张玲芝.再就业税收政策有效性评价理论研究［J］. 统计研究，2007，24（4）：58-62.

[57] 王怡，张松.我国的劳动就业与税收优惠［J］. 税务研究，2006（1）：78-80.

[58] 孙岩岩.上市公司盈余管理的动机及其行为研究：以某公司为例［D］. 南京：南京师范大学，2014.

[59] 郭佩霞，杨苑誉.化解我国就业困境税收政策的完善路径［J］. 经济研究参考，2014（66）：11-12.

[60] 王春成.企业数据备份与容灾技术分析［J］. 信息系统工程，2013（2）：88-89.

[61] 朱文娟，汪小勤.最低工资标准、社保最低缴费基数与劳动者就业［J］.

贵州财经大学学报，2013，31（3）：58-62.
[62] FULLERTON D，ROGERS M. Effects of taxes on economic behavior [J]. Tax Policy and the Economy，1993（7）：25-58.
[63] DAVERI F，TABELLINI G. Unemployment，growth and taxation in industrial countries [J]. Economic Policy，2000，15（30）：48-104.
[64] JUAN L. The impact of tax reduction and fee reduction on employment: Considering the substitution relationship between capital and labor [J]. Economic Research Journal，2022，57（3）：88-95.
[65] GORDON D L. The bank and the development of small enterprises [J]. Finance and Development，1979，16（1）：19-22.
[66] BUERA F J，SHIN Y. Financial frictions and the persistence of history：A quantitative exploration [J]. Journal of Political Economy，2013，121（2）：221-272.
[67] 王春成.减税降费政策对企业投资与就业的影响 [J].财经研究，2020，46（8）：123-135.
[68] 孟耀.减税降费对企业成本和效率的影响研究 [J].经济问题探索，2019，40（6）：45-53.
[69] 何代欣.减税降费政策对企业生产投资的激励作用 [J].经济研究，2021，56（2）：98-110.
[70] 尹音频，杨飞.上市金融企业税负水平的比较与思考 [J]. 上海金融，2011（5）：103-107.
[71] 彭鹏.企业同期资料准备：转让定价方法的选择和应用 [J]. 财会学习，2010（5）：26-29.
[72] 倪昊.关于行政事业单位财务预算管理的思考 [J]. 财经界，2016（2）：193.
[73] 鲁元平，杨芳，张静堃.区域性税收优惠政策的工资与就业效应分析：基于西部大开发的准自然实验 [J]. 税务研究，2020（2）：118-123.
[74] 杨晓姝.增值税转嫁效应对企业就业影响的实证分析 [J].税务研究，

2018，35（7）：77-84.

［75］ 林双林. 增值税改革与企业就业：基于转嫁效应的视角［J］.财贸经济，2019，40（9）：59-68.

［76］ 杨抚生，蔡军. 不可忽视增值税转型对地方经济的负面影响［J］. 税务研究，2006（2）： 35-38.

［77］ 聂辉华，方明月，李涛. 增值税转型对企业行为和绩效的影响：以东北地区为例［J］. 管理世界，2009，（5）：17-24；35.

［78］ 陈烨，张欣，寇恩惠，等. 增值税转型对就业负面影响的CGE模拟分析［J］.经济研究，2010（9）：29-42.

［79］ 薛凤珍. 新一轮税制改革视角下中央与地方政府税收收入划分的思考［J］. 税务与经济，2014（4）： 69-74.

［80］ 曹书军，刘星，张婉君. 财政分权，地方政府竞争与上市公司实际税负［J］. 世界经济，2009（4）： 69-83.

［81］ 申广军，陈斌开，杨汝岱.减税能否提振中国经济？［J］.经济研究，2016（11）：58-62.

［82］ DINGELDEY I. European tax systems and their impact on family employment patterns［J］. Journal of Social Policy，2001，30（4）： 653-672.

［83］ ITTNER C D， LARCKER D F， PIZZINI M. Performance-based compensation in professional service firms［C］//Organizational Economics of Health Care Conference. 2003.

［84］ 马海涛，王斐然. 关于“十四五”时期我国税制结构的思考［J］. 财经问题研究，2021（11）： 88-98.

［85］ 杜兴强，李文. 人力资源会计的理论基础及其确认与计量［J］. 会计研究，2000（6）： 30-36.

［86］ 张斌. 税制改革与经济结构调整［J］.财贸经济，2011，32（3）：5-12.

［87］ 尹音频，张莹. 消费税能够担当地方税主体税种吗？［J］. 税务研究，2014（5）： 27-31.

［88］ 解洪涛，张建顺. 资源综合利用税收优惠政策效果再评估：基于税源调

查数据的实证分析［J］. 当代财经，2020（3）：38-49.

［89］ LAPORTA R，SHLEIFER A. Informality and development［J］. Journal of Economic Perspectives，2014，28（3）：109-126.

［90］ IHRIG J，MOE K S. Lurking in the shadows：the informal sector and government policy［J］. Journal of Development Economics，2004，73（2）：541-557.

［91］ LORA E. Public investment in infrastructure in latin america：is debt the culprit? In the state of state reform in Latin America［M］.Washington，DC：Inter-American Development Bank，2007.

［92］ 王德文，吴要武，蔡昉.迁移、失业与城市劳动力市场分割：为什么农村迁移者的失业率很低？［J］. 世界经济文汇，2004（1）：37-52.

［93］ 王向东.正规部门就业门槛与非正规就业的关系研究［J］.劳动经济研究，2019，7（3）：45-58.

［94］ 王智炬.减税政策对非正规部门就业的影响分析［J］.财政研究，2020，46（4）：88-97.

［95］ 何立新，封进，佐藤宏.养老保险改革对家庭储蓄率的影响：中国的经验证据［J］. 经济研究，2008（10）：117-130.

［96］ 成新轩.论东亚地区自由贸易区优惠原产地规则的经济效应［J］. 当代亚太，2012（6）：112-128+157-158.

［97］ 韩国高，邵忠林，张倩.外资进入有助于本土企业“稳就业”吗：来自中国制造业的经验证据［J］. 国际贸易问题，2021（5）：81-95.

［98］ 安体富，岳树民.我国宏观税负水平的分析判断及其调整［J］. 经济研究，1999（3）：41-47.

［99］ 姚维保.减税降费、民营企业异质性与创新发展［J］. 财经论丛，2021，37（1）：24-32.

［100］ 马海涛，文雨辰.减税执行下地方政府基本公共服务支出行为：基于支出偏向和支出效率双视角［J］. 河北大学学报（哲学社会科学版），2022，47（4）：73-84.

［101］ 吕冰洋，陈怡心.财政激励制与晋升锦标赛：增长动力的制度之辩［J］.财贸经济，2022（6）：25-47.
［102］ 王文甫等.财政政策的产业效应研究［M］.成都：西南财经大学出版社，2019.
［103］ 孔祥智.农业供给侧结构性改革的基本内涵与政策建议［J］.改革，2016（2）：104-115.
［104］ 陈润羊.构建脱贫攻坚与乡村振兴衔接联动机制［N］.甘肃日报，2019-08-22（9）.
［105］ 张晏，龚六堂.分税制改革、财政分权与中国经济增长［J］.经济学（季刊），2005（4）：75-108.
［106］ 郭矜.支持高质量发展减税降费效应分析及优化路径［J］.地方财政研究，2021（1）：81-89.
［107］ 贾根良，束克东.19世纪的美国学派：经济思想史所遗忘的学派［J］.经济理论与经济管理，2008（9）：5-11.
［108］ 李杜.凯恩斯就业理论及其启示［J］.广西社会科学，2005（12）：61-64.
［109］ 许经勇.论凯恩斯的萧条经济学理论的创新性与局限性［J］.南京财经大学学报，2005（4）：1-6+20.
［110］ MALTHUS T R. An essay on the principle of population［M］.London：J. Johnson，1798.
［111］ BLUNDELL R，BOND S. Initial conditions and moment restrictions in dynamic panel data models［J］. Journal of Econometrics，1998，87（1）：115-143.
［112］ 财政部，国家税务总局，人力资源和社会保障部.关于继续实施支持和促进重点群体创业就业有关税收政策的通知（财税〔2014〕39号）［Z］.2014.
［113］ 安天义，邓晓梅.北京市无障碍建设法规执行状况调研［J］.建筑科学，2011，27（5）：85-88+92.

[114] 财政部，税务总局，科技部.关于提高研究开发费用税前加计扣除比例的通知（财税 [2018] 99号）[Z]. 2018.

[115] 财政部，国家税务总局，科技部.关于完善研究开发费用税前加计扣除政策的通知（财税〔2015〕119号）[Z] .2015.

[116] 财政部，海关总署，税务总局.关于防控新型冠状病毒感染的肺炎疫情进口物资免税政策的公告（财政部 海关总署 税务总局公告2020年第6号）[Z] .2020.

[117] 财政部，税务总局.关于支持新型冠状病毒感染的肺炎疫情防控有关税收政策的公告（财税公告2020年第8号）[Z] .2020.

[118] 财政部，税务总局.关于支持新型冠状病毒感染的肺炎疫情防控有关捐赠税收政策的公告（财政部 税务总局公告2020年第9号）[Z] .2020.

[119] 财政部，税务总局.关于支持新型冠状病毒感染的肺炎疫情防控有关个人所得税政策的公告（财政部 税务总局公告2020年第10号）[Z]. 2020.

[120] 财政部，国家发展改革委.关于新型冠状病毒感染的肺炎疫情防控期间免征部分行政事业性收费和政府性基金的公告（财政部 国家发展改革委公告2020年第11号）[Z]. 2020.

[121] 财政部，税务总局.关于支持个体工商户复工复业增值税政策的公告（财政部 税务总局公告2020年第13号）[Z] .2020.

[122] 财政部，税务总局.关于延长小规模纳税人减免增值税政策执行期限的公告（财政部 税务总局公告2020年第24号）[Z] .2020.

[123] 财政部，税务总局.关于延续实施应对疫情部分税费优惠政策的公告（财政部 税务总局公告2021年第7号）[Z]. 2021.

[124] 财政部，税务总局.关于对增值税小规模纳税人免征增值税的公告（财政部 税务总局公告2022年第15号）[Z]. 2022.

[125] 财政部，税务总局.关于小型微利企业所得税优惠政策有关问题的通知（财政部 税务总局公告2014年第34号）[Z]. 2014.

[126] 财政部，税务总局.关于小型微利企业所得税优惠政策的通知（财政部 税务总局公告2015年第34号）[Z]. 2015.

［127］ 财政部，税务总局.关于进一步扩大小型微利企业所得税优惠政策范围的通知（财政部 税务总局公告2018年第77号）［Z］. 2018.
［128］ 财政部，税务总局.关于实施小微企业普惠性税收减免政策的通知（财政部 税务总局公告2019年第13号）［Z］. 2019.
［129］ 财政部，税务总局.关于实施小微企业和个体工商户所得税优惠政策的公告（财政部 税务总局公告2021年第12号）［Z］. 2021.
［130］ 财政部，税务总局.关于进一步实施小微企业所得税优惠政策的公告（财政部 税务总局公告2022年第13号）［Z］. 2022.
［131］ 席卫群.制造业资本使用成本、所得税负与固定资产投资：基于我国省级面板数据的分析［J］. 广西师范大学学报（哲学社会科学版），2021，57（4）：129-142.
［132］ 付敏.我国资产证券化问题讨论综述［J］. 经济理论与经济管理，2006（4）：75-79.
［133］ 杨昊昌，温军，陈学招.经济政策不确定性与家族企业创新：融资约束及政府补助视角［J］. 科技进步与对策，2021，39（8）：80-88.
［134］ 王淑英，杨祺静.异质性环境规制对经济高质量发展的空间溢出效应：基于绿色创新的视角［J］. 地理与地理信息科学，2022，38（3）：104-111.
［135］ 李启平，赵豪.税收优惠对中国装备制造业发展的财务效应研究：基于2010—2020年上市公司数据［J］. 常州大学学报（社会科学版），2022，23（3）：1-12.
［136］ 鞠晓生，卢荻，虞义华.融资约束、营运资本管理与企业创新可持续性［J］.经济研究，2013，48（1）：4-16.
［137］ 徐建玲，孙莹莹，严洁君.我国粮油上市公司获取政府补助影响因素研究［J］. 南京财经大学学报，2018（1）：98-108.
［138］ 国家统计局.中国统计年鉴2013［M］. 北京：中国统计出版社，2013.
［139］ 杨默如，尹淑平.创业环节的纳税筹划思考：如何依靠税务战略赢在起跑线上［J］.税务与经济，2009（1）：78-81.

索引